단기합격의 비법서

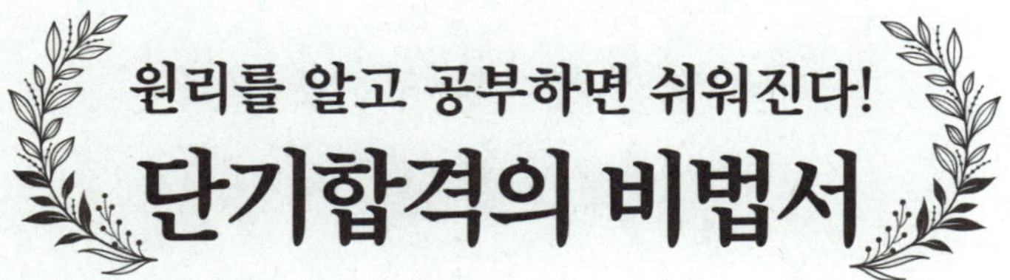

2026

스포츠
지도사
보디빌딩
실기·구술

5종 자격증 포함

1·2급 생활, 2급 전문, 유소년, 노인

CONTENTS

머리말

시대적으로 생활체육이 발전하면서 스포츠에 대한 관심이 높아지고 스포츠지도사 시험에 응시하는 인원도 많이 증가하였습니다. 이와 더불어 각종 미디어 매체에서 다양한 정보가 공유되면서 운동과 건강에 대한 사회 전반적인 지식 수준이 증가함에 따라 스포츠지도사에게 요구되는 능력 또한 점점 높아지고 있는 실정입니다.

특히 보디빌딩 선수 및 퍼스널 트레이너들에게 스포츠지도사 자격증은 이제 필수적으로 요구되는 자격증으로 자리매김하였습니다. 이 책에서는 스포츠지도사 보디빌딩 종목의 구술 및 실기 검정을 대비하기 위하여 **'가장 핵심적인 정보'** 를 **'가장 쉽게'** 제공하고자 합니다.

보디빌딩과 관련된 다양한 이론과 동작들에 대한 설명을 담아 시험을 준비하는 수험생 뿐만 아니라 피트니스와 관련된 직종에 종사하고 있는 사람이라면 누구에게나 도움이 될 수 있는 내용으로 구성하였습니다.

우리가 이 책에서 배우는 내용들은 결국엔 모두 연결되어 있습니다.

생리학과 역학적 개념을 토대로 움직임 원리를 이해한다면 시험을 준비하며 공부하는 내용들이 각각의 것이 아니라 **'인간의 신체에 대한 이해'** 라는 단 하나의 결론에 도달하게 됩니다. 인간의 신체는 어느 무엇보다 정직하기 때문입니다.

현직 체육 교사로서, 보디빌딩을 사랑하는 한 사람으로서 다양한 정보와 노하우를 최대한 담고자 노력했습니다. 전공 서적에 있는 모든 내용을 담으면 가장 좋겠지만 수험생분들이 효율적으로 가장 중요한 개념을 빠르게 습득할 수 있게 내용을 간추렸습니다. 여러분들의 **'합격'** 이라는 목표와 더 나아가 지도사로서의 책임감을 가질 수 있도록 최선을 다하겠습니다. 저와 함께 스포츠지도사 보디빌딩 및 구술 시험을 준비하면서 꼭 합격하시길 바라겠습니다. 감사합니다.

최 대 로 올림

스포츠지도사 보디빌딩 자격시험 준비하기 전 알아두기

1. 스포츠지도사란?

'스포츠지도사'란 학교 · 직장 · 지역사회 또는 체육단체 등에서 체육을 지도할 수 있도록 국민체육진흥법에 따라 해당 자격을 취득한 사람을 뜻한다.

2. 보디빌딩이란?

바벨·덤벨 등의 기구를 사용하여 신체를 단련하고, 발달된 근육의 아름다움을 겨루는 스포츠이다. 보디빌딩을 통해 근력, 근지구력, 순발력, 유연성 등 건강 관련 체력을 향상시킨다.

→ 즉, 스포츠지도사 보디빌딩 자격 시험은 학교 · 직장 · 지역사회 또는 체육단체에서 보디빌딩에 대해 지도할 수 있는 자격을 검증받는 시험이다.

3. 스포츠지도사 보디빌딩 시험 문제 및 범위(자세한 내용은 뒷장 안내)

- 실기는 보통 5문제가 출제되며 상체, 하체 운동 종목에서 4문제, 종목 포징에서 1문제가 출제됨.
- 구술은 보통 4문제가 출제되며 규정과 지도방법에서 출제됨.

4. 스포츠지도사 보디빌딩 자격 시험 이해하기

스포츠지도사 보디빌딩 자격 시험은 근육이 많은 사람 또는 보디빌더를 선발하는 시험이 아니라 보디빌딩 실기와 구술 내용을 지도하기 위한 능력을 검증하는 것이다. 즉, '보디빌딩을 지도하기 위한 능력'으로 '어떤 운동을 통해 지도할 것인가'는 실기 파트를 통해서, '어떤 이론을 적용하여 지도할 것인가'는 구술 파트를 통해 검증하는 것이다.

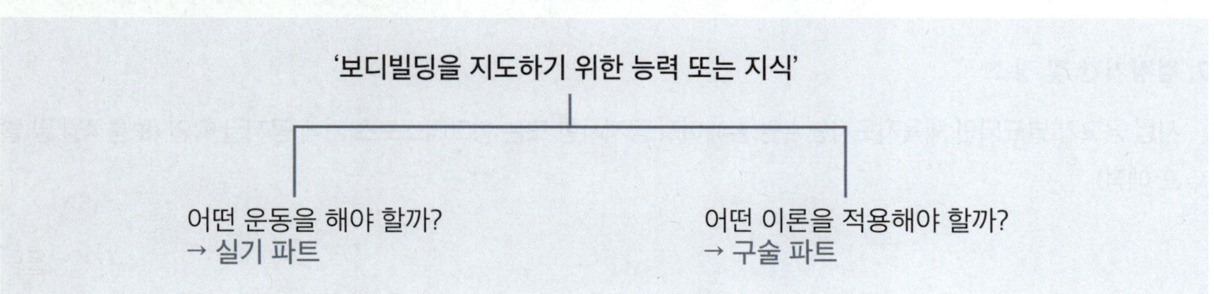

5. 출제 경향

- 보디빌딩 종목은 스포츠지도사 시험에서 가장 많은 인원이 응시하는 종목이다. 이에 따라 최근 보디빌딩 협회에서는 그동안 하나의 스포츠 종목이면서 매니아적인 요소가 가득한 보디빌딩의 변화를 추구하고 있다. 특히 실기 및 구술 종목의 시험 공고가 매년 바뀌게 되면서 수험생의 혼란을 빚기도 하였지만 생활체육을 선도하려는 긍정적인 모습이 보여진다.
- 실기 · 구술 출제 경향

실기	1. 실기 종목 변화 → 복합적인 능력 검증 2. 시합 종목 신설 및 폐지 → 다양한 종목 참여로 대중화 3. 세트 훈련법 연계 출제→ 이론과 실기를 연계하는 응용 문제 출제
구술	1. 매년 시험 공고 변경 → 공고 반드시 확인할 것 2. 매년 신유형 문제 등장 → 생리학, 기능해부학에서 주로 출제됨 3. 공식 기관 사이트 규정을 근거로 출제 → 민원 소지 해소

6. 시험 준비 방향

작년 실기 · 구술 시험 공고가 발표되면서 많은 내용이 변경되어 수험생들이 혼란을 겪었다. 시간적 여유가 없다면 시험 공고가 발표되기 전까지는 비교적 시간이 오래 걸리는 실기 종목을 연습하고, 공고가 발표된 후에 구술을 준비하는 방향이 효율적이다. 시간적 여유가 있다면 구술까지 연습해도 좋다. 혹여나 올해도 시험 공고 내용이 변경된 부분이 있어도 흔들리지 말고 준비하도록 해야 한다.

7. 검정기간 및 장소

시험 공고가 발표되면 체육지도자연수원 홈페이지 공지사항 또는 헝그리스포츠 카페 공지글 확인 (보통 4월 말 발표 예정)

스포츠 지도사 보디빌딩 실기 및 구술 시험 안내

1. 시험 요건 및 내용

- 대상 : 전문(2급), 생활(1·2급), 유소년, 노인 스포츠지도사 필기시험 합격자 및 면제자
- 시험문제 : 실기 5문제 / 구술 4문제
- 합격 기준: 구술 및 실기 각각 만점의 70% 이상 맞아야 합격

예시	
실기	**구술**
1. 바벨 벤치프레스 2. 벤트 오버 바벨로우 } 동작 3. 덤벨 런지 4. 삼각근 운동 트라이 세트 5. 남자 보디빌딩 규정포즈 7가지 – 포징	1. 남자 보디빌딩 사이드 체스트 지도요령 2. 생활체육 개념 3. ATP-PC 시스템 4. 기도 폐쇄 유형과 처치
• 보통 5문제 중 4문제는 동작, 1문제는 포징 • 동작과 포징을 실제로 실시	• 규정 영역 2문제, 지도방법 영역 2문제 • 구술지에 있는 문제를 말로 답변

- 주요 일정

실기 및 구술시험 온라인 접수	
특별과정 자격요건 증빙서류제출 (해당자에 한함)	2026. 5.18(월) ~ 2026. 5 .21(목)
응시수수료납부	
실기구술시험	2026. 5. 26.(화) ~ 2026. 7. 10. (금) ※ 세부일정은 종목별 시행 공고문 참고
최종합격자 발표	2026. 7. 15.(수)

2. 실기 검정

(1) 지원자 복장 및 준비물

① 상의 : 민소매 러닝 및 탑

② 하의 : 허벅지가 보이는 반바지

③ 운동화

④ 신분증 및 수험표 및 준비서류

<예시 복장>

(2) 시험장 도구

- 실기장 소요 장비의 경우 종목별 시행 계획에 제시되어 있지만 시험장의 상황에 따라 약간의 변동이 있을 수 있으니 체육지도자연수원 홈페이지를 반드시 확인해야 합니다.

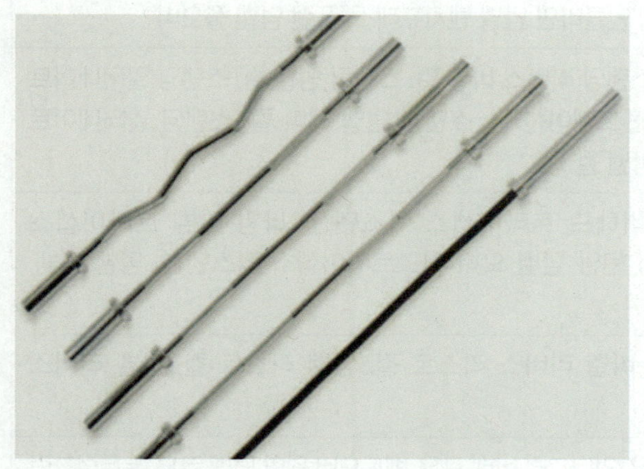

바벨 : 중량봉(긴 봉 15kg, 짧은 봉 8kg)

각도조절 벤치

덤벨 : 2~3kg, 5kg

요가매트

(3) 실기 종목 (2025년 기준)

- 실기 종목(2급 전문 · 1급 생활스포츠지도사)

대분류			세부 기술
운동종목 ← 기초 (80)	상체	가슴	플랫 바벨 벤치 프레스, 인클라인 바벨 벤치프레스, 플랫 덤벨 벤치 프레스, 플랫 덤벨 플라이, 인클라인 덤벨 벤치프레스, 플랫 덤벨 풀오버
		이두	스탠딩 바벨 컬, 스탠딩 리버스 바벨 컬, 스탠딩 덤벨 컬, 스탠딩 얼터네이트 덤벨 컬, 덤벨 컨센트레이션 컬, 스탠딩 덤벨 해머 컬, 스탠딩 얼터네이트 해머 컬, 스쿼팅 바벨 컬
		삼두	스탠딩 바벨 오버헤드 트라이셉스 익스텐션, 라잉 바벨 트라이셉스 익스텐션, 스탠딩 원암 덤벨 오버헤드 트라이셉스 익스텐션, 덤벨 킥백, 벤치 딥스
		전완	바벨 리스트 컬, 바벨 리버스 리스트 컬, 덤벨 리스트 컬, 덤벨 리버스 리스트 컬
		등	벤트오버 바벨 로우, 언더그립 바벨 로우, 벤트오버 원암 덤벨 로우, 뉴트럴그립 투암 덤벨 로우, 바벨 굿모닝 엑서사이즈, 컨벤셔널 데드리프트, 루마니안 데드리프트, 덤벨 쉬러그, 바벨 쉬러그
		어깨	스탠딩 밀리터리 프레스(바벨 오버헤드 프레스), 스탠딩 비하인드 넥 프레스, 스탠딩 덤벨 숄더 프레스, 스탠딩 바벨 프런트 레이즈, 스탠딩 덤벨 프런트 레이즈, 덤벨 벤트오버 레터럴 레이즈, 바벨 업라이트 로우
	하체	하체	백 스쿼트(바벨 스쿼트), 바벨 와이드 스탠스 스쿼트, 바벨 프런트 스쿼트, 고블릿 스쿼트(덤벨 프런트 스쿼트), 바벨 불가리안 스플릿 스쿼트, 덤벨 불가리안 스플릿 스쿼트, 스티프 레그 데드리프트, 바벨 런지, 덤벨 런지
실전 기술 (20)	포즈	남자	보디빌딩, 클래식 보디빌딩, 피지크, 클래식 피지크
		여자	피지크, 보디 피트니스, 비키니

성별과 상관없이 모든 종목 포징이 시험에 출제되니 다 연습해야 합니다!

- 실기 종목(2급 생활 · 노인 · 유소년스포츠지도사)

<table>
<tr><th colspan="3">대분류</th><th>세부 기술</th></tr>
<tr><td rowspan="13">운동종목 ⟵

기초
(80)</td><td rowspan="7">상체</td><td>가슴</td><td>플랫 바벨 벤치 프레스, 인클라인 바벨 벤치프레스, 플랫 덤벨 벤치 프레스, 플랫 덤벨 플라이, 인클라인 덤벨 벤치프레스, 플랫 덤벨 풀오버</td></tr>
<tr><td>이두</td><td>스탠딩 바벨 컬, 스탠딩 리버스 바벨 컬, 스탠딩 덤벨 컬, 스탠딩 얼터네이트 덤벨 컬, 덤벨 컨센트레이션 컬, 스탠딩 덤벨 해머 컬, 스탠딩 얼터네이트 해머 컬</td></tr>
<tr><td>삼두</td><td>스탠딩 바벨 오버헤드 트라이셉스 익스텐션, 라잉 바벨 트라이셉스 익스텐션, 스탠딩 원암 덤벨 오버헤드 트라이셉스 익스텐션, 덤벨 킥백, 벤치 딥스</td></tr>
<tr><td>전완</td><td>바벨 리스트 컬, 바벨 리버스 리스트 컬, 덤벨 리스트 컬, 덤벨 리버스 리스트 컬</td></tr>
<tr><td>등</td><td>벤트오버 바벨 로우, 언더그립 바벨 로우, 벤트오버 원암 덤벨 로우, 뉴트럴그립 투암 덤벨 로우, 바벨 굿모닝 엑서사이즈, 컨벤셔널 데드리프트, 루마니안 데드리프트, 덤벨 쉬러그, 바벨 쉬러그</td></tr>
<tr><td>어깨</td><td>스탠딩 밀리터리 프레스(바벨 오버헤드 프레스), 스탠딩 비하인드 넥 프레스, 스탠딩 덤벨 숄더 프레스, 스탠딩 바벨 프런트 레이즈, 스탠딩 덤벨 프런트 레이즈, 덤벨 벤트오버 레터럴 레이즈, 바벨 업라이트 로우</td></tr>
<tr><td>하체</td><td>하체</td><td>백 스쿼트(바벨 스쿼트), 바벨 와이드 스탠스 스쿼트, 바벨 프런트 스쿼트, 고블릿 스쿼트(덤벨 프런트 스쿼트), 덤벨 불가리안 스플릿 스쿼트, 스티프 레그 데드리프트, 바벨 런지, 덤벨 런지</td></tr>
<tr><td rowspan="2">실전 기술
(20)</td><td rowspan="2">포즈</td><td>남자</td><td>보디빌딩, 클래식 보디빌딩, 피지크</td></tr>
<tr><td>여자</td><td>피지크, 보디 피트니스, 비키니</td></tr>
</table>

성별과 상관없이 모든 종목 포징이 시험에 출제되니 다 연습해야 합니다!

(4) 구술 평가 영역 (2025년 기준)

- 시행방법 : 규정 2문제(50점), 지도방법 2문제(50점)
  - 지원자가 영역별로 문제지를 추첨하여 실시
  - 장애인 응시자와 비장애인 응시자 모두 동일한 평가 기준으로 평가 됨
- 합격기준 : 70점 이상(100점 만점)
- 2급 전문, 1급 · 2급 생활, 노인, 유소년 스포츠지도사

영역	배점	분야		세부 기술
규정	50점	협회 규정	종목소개	남자 피지크, 클래식 피지크, 클래식 보디빌딩, 여자 피지크, 여자 보디피트니스, 여자 비키니
			도핑	도핑방지규정
			최신 규정	경기인등록규정, 경기진행순서 및 복장규정 등
		스포츠 인권		스포츠 폭력 및 스포츠 성폭력 등
		생활체육		목적과 기능, 지도자 역할 등
		응급 처치		First Aid & CPR, 자동심장충격기(AED), 응급상황 발생 시 대처요령
지도 방법	50점	트레이닝 방법론	저항성 트레이닝	기본자세, 훈련 및 지도방법 등
			기능 해부학	신체 움직임의 이해를 위한 근육과 뼈의 구조 등
			운동 생리학	생체 에너지 대사, 근골격계 생리, 트레이닝과 적응, 체온조절과 운동 등
			스포츠 영양학	운동 수행능력 향상을 위한 영양 섭취, 영양 관련 호르몬 작용 등

※ 위 내용은 구술 검정 준비에 도움을 주기 위한 범위이며, 위 내용 외에 더 추가로 범위를 선정하여 검정할 수 있음.

(5) 실기 검정 장소 예상 도식도

<장소 예시>

(6) 보디빌딩 실기·구술 준비 흐름도(8주)

8주 이전	실기 위주 연습(동작 및 명칭 숙달)	TIP
8주	**[실기]** 1. 책에 나온 실기 동작 명칭 숙달(대한보디빌딩 협회 실기 영상과 함께) 2. 실기 동작별 주동근 이해(7가지 부위 근육을 중점으로) **[구술]** 책에 나온 구술 내용 전체 읽어보기 (바로 외운다기 보다는 이런 내용이 출제되는구나 정도) ※ 체육지도자연수원 시험 시행 공고 확인하기!	기본을 다진다는 느낌으로 빠르기보다는 천천히 자세하게 읽어볼 것
6주~7주	**[실기]** 1. 책에 나온 실기 동작 명칭 숙달 2. 실기 동작 실제 연습(동료 또는 거울 및 영상 촬영으로 확인) 3. 실기 동작의 주동근 기능 이해하기 4. 종목 포징 연습해보기(대한보디빌딩 협회 포징 영상과 함께) **[구술]** 1. 암기 과목보다는 이해하는 과목 위주로 공부하기(영양학, 기능해부학, 생리학 등) 2. 대한보디빌딩협회, 스포츠윤리센터, 도핑방지위원회와 같이 출제 근거가 되는 사이트 방문하여 출제되는 내용 읽어보기(구술 영상, 카페에 첨부 예정)	조급해 하지 않고 차근차근 구술 내용을 살펴보고 실기 및 포징 연습할 것
5주~6주	**[실기]** 1. 책에 나온 실기 동작 명칭 숙달 완료 2. 실기 동작 실제 연습(동료 또는 거울 및 영상 촬영으로 확인) 3. 7가지 부위 근육 안에서 세트 훈련법 구성해보기 　예 팔 운동 컴파운드 세트, 등 운동 슈퍼세트 등 4. 종목 포징 지속적으로 연습하기 **[구술]** 1. 이해하는 과목과 함께 암기하는 과목도 꾸준히 외우기 　(이때는 이해하는 과목을 이해한 후 암기하기) 2. 책과 구술 영상 지속 반복하여 암기하기 3. 핵심 단어 위주로 내용이 다르지 않는 선에서 자신만의 문장으로 만들기 ※ 실기·구술 접수 시간은 반드시 확인해서 원하는 장소 및 시간 선택이 중요!	어렵거나 외워지지 않는 내용 체크해서 반복 연습하기
2~3주	**[실기]** 1. 실기 동작 실제 연습(동료 또는 거울 및 영상 촬영으로 확인) 2. 실전처럼 4가지 실기 동작, 1가지 종목 포징을 선정하여 연습하기 　(문제 유형 카페에 게시 예정)	시험 1개월 전에는 공부 시간을 충분히 확보하기!
1주	**[구술]** 1. 책과 구술 영상 지속 반복하여 암기하기 2. 핵심 단어 위주로 내용이 다르지 않는 선에서 자신만의 문장으로 만들기 3. 실전처럼 4 ~ 5가지 문제 선정하여 말하기 연습 (문제 유형 카페에 게시 예정)	
전체 시험 시작일 ~ 본인 시험일	**[실기·구술]** **1. 시험장 문제 후기 공유, 빠르게 숙지하여 익힐 것(오픈채팅방과 카페 이용)** 2. 실기·구술 내용 반복 숙달	매번 신유형의 문제들이 나타나니 반드시 참고할 것!

(7) 보디빌딩 실기·구술 시험 당일 흐름도

전날	1. 늦지 않게 숙면 취하기 2. 술 또는 야식 먹지 않기 3. 준비물들 미리 챙겨놓기
아침 기상 ~ 출발	1. 수험표, 신분증, 시험에 알맞은 복장 갖추기 2. 실기 및 구술 책(노트) 챙기기
도착 후 입실 전	1. 장소 입구 앞에서 대기하기 2. 대기하면서 실기 및 구술 책(또는 노트)의 주요 내용 확인하기 3. 자신이 속한 조와 시간대를 지속적으로 확인하고 입실하라는 안내를 하면 입장하기 ※ 시험장 들어가면 전자기기 제출
시험장 대기실 입장	안내 요원에 따라 이동하여 대기실에서 대기하다가 안내 요원에 따라 시험장 앞 복도로 이동 ※ 조 순번에 따라 순차적으로 입실

시험장
입장
	순번이 될 동안 차분한 마음을 가지고 대기하기(심호흡)
	들어가면서 **감독관 3명을 향해 큰 목소리로 인사**하기"안녕하세요! 수험번호 1번 ○○○입니다."
	※ 시험장 입장 물품 :
	   - 덤벨 2~3kg, 5kg
	   - 중량봉 15kg, 8kg
	   - 각도 조절 벤치
	   - 요가매트
	   - 스텝박스(없는 곳도 있음)

실기	1. 실기 종이 통에서 문제 뽑기(무작위) 2. 동작을 실시하기 전 "○○동작 하겠습니다" 복창 하고 실시 **3. 동작은 천천히, 호흡은 크게(잘 안들릴 수 있으니 약간 과장해서 실시)**
구술	1. 구술 종이 통에서 문제 뽑기(무작위) 2. 구술 문제 답변하기 전에 "○○○○○○에 대해 답변드리겠습니다" 외치고 실시 **3. 자신감 있게 큰 목소리로 답변하기** 4. 혹시나 모르는 문제가 나오면 당황하지 않고 "조금만 더 생각해보고 답변 드리겠습니다" 하면서 한숨 고르기
시험실 퇴장	성의 있는 태도로 나갈 때에도 '감사합니다! 안녕히 계세요' 와 같이 인사하고 나가기

(8) 자주하는 질문

1. 구술·실기 합격기준은?

- 구술 및 실기 각각 70%(70점)이상의 점수를 맞아야 합격할 수 있습니다.

2. 구술·실기 시험 장소는 어떻게 정하는지?

- 구술·실기 검정은 시험주관기간에 등록된 대학교에서 실시되며 신청기간에 원하는 장소를 선택할 수 있으나 사람이 몰려 일찍 마감되는 장소들이 많으니 신청 날짜와 시간을 정확히 파악하여 일찍 신청하는게 좋습니다. 단, 첫째 날은 신유형이 많이 나오기 때문에 피하는게 좋습니다.

3. 구술·실기 문제는 어떻게 알려주나요?

- 시험장에 들어가면 시험관 앞에 실기와 구술 종이가 들어있는 각 통이 있는데 거기서 무작위로 뽑습니다.

4. 구술과 실기 문제는 몇 문제씩 출제 되나요?

- 구술은 총 4문제(규정 2문제, 지도방법 2문제)가 출제되고 실기는 총 5문제(운동 종목 4문제, 포징 1문제)가 출제됩니다.

5. 시험장은 혼자 들어가나요?

- 대기장소까지는 조별로 이동하고 심사위원이 있는 검정실에는 원칙적으로 1인 입장을 합니다. 자신이 속한 조 순번대로 입장합니다.

6. 몸이 좋으면 점수를 더 잘받나요?

- 분명 좋은 몸을 가지고 있으면 심사위원들에게 좋은 인상을 보여주긴 하겠지만 합격과 불합격을 좌우하는 영향은 주지 않습니다. 중요한 건 정확한 지식을 가졌는가, 정확한 동작을 수행할 수 있는지입니다.

7. 실기에서 떨어지게 되면 다시 시험을 볼 수 없나요?

- 1년간의 유예기간이 주어지게 되는데 그 다음 해까지만 실기·구술을 통과하면 됩니다. 허나 반드시 합격한다는 생각으로 준비하시길 바랍니다.

8. 생활스포츠지도사 2급 취득하는데 자격조건이 따로 있나요?

- 만 18세 이상이면 누구나 지원할 수 있습니다.

9. 자격증 취득 준비 기간(구술 및 면접 시험)은 어느정도가 좋을까요?

- 배경지식이 어느정도 있느냐에 따라 다르겠지만 기본적으로 보디빌딩에 대해 어느 정도 관심이 있고 경험이 있는 사람은 1개월, 처음 접하는 사람이면 2개월 이상은 준비해야 합니다. 아무리 숙련된 사람이라도 시험은 또 다른 영역이니 최대한 일찍 준비하는게 좋습니다.

10. 시험 장소마다 시험 난이도가 다르나요?

- 난이도가 다르기 보다는 시험 장소 또는 실기 검정 배치 조, 날짜에 따라 문제 내용이 다를 수가 있습니다. 기관에서도 최대한 공정한 심사를 위해 여러 가지 노력하겠지만 구술 시험 같은 경우에는 방대한 범위에서 문제를 내다 보니 어느 정도 준비를 하셔야 합니다. 처음 보는 문제일지라도 당황하지 않고 모든 지식을 동원해 말을 이어나가는 연습이 반드시 필요합니다.

11. 전자기기는 제출하나요?

- 시험장 입장할 때 제출합니다.

12. 노인, 유소년 스포츠지도사 보디빌딩을 준비하고 있는데 어떻게 준비해야 될까요?

- 노인 및 유소년 스포츠지도사 내용이 생활 스포츠지도사와 크게 다르지 않습니다. 다만, 구술에서 4문제 중 노인 및 유소년 내용이 보통 1문제 정도 출제됩니다.

(9) 실기·구술 Tip

1. 실기(목소리, 호흡, 천천히)

- 절도 있고 큰 목소리

  예 입장 : "안녕하세요! 수험번호 001번 ○○○입니다.

    시험 감독관 : 덤벨 벤치 프레스 해보세요

    응시자 : 네. 덤벨 벤치 프레스 해보겠습니다. (자신감 있게 복창)

- 정확한 호흡

  - 긴장하면 놓치는 경우가 많음, 약간 과장되게 하는게 좋음

  - **근육이 수축할 때는 내쉬는 호흡, 이완할 때는 마시는 호흡**

- 여유롭고 정확한 동작

  예 근육 최대 수축지점에서는 1 ~ 2초 정도 쭉 짜주는 느낌을 가져가고 규정 포즈를 할 때도 동작을 정확하게

    잡고 심사위원이 '그만'할 때까지 한다.

※ Tip

불합격 후기 중 이의 신청 답변에 '동작 중 호흡이 잘 들리지 않았다. 호흡에 문제가 있었다' 가 다수 있었으므로 꼭 호흡에 신경써서 해야 합니다.

2. 구술(자신감, 핵심단어(Key Word), 실전연습)

- 자신감 : 큰 목소리로 답변에 대해 대답하는 것이 좋습니다. 긴장이 되더라도 천천히 자신이 가지고 있는 지식을 정확하게 전달하도록 합니다.

- 핵심 단어 : 긴장을 하게 되면 말이 길어질 때가 있는데 문제를 보고 떠오르는 키워드를 중심으로 문장을 구성하면 수월하게 대답할 수 있습니다.

- 실전 연습 : 그냥 눈으로만 내용을 익히지 말고 항상 자신에게 질문을 하면서 소리내어 읽는 연습이 중요합니다. 녹음기를 이용하거나 지인과 함께 질문과 답을 하면서 실제 시험처럼 연습하는 것이 큰 도움이 됩니다.

- ※ TIP : 문제를 읽고 너무 긴장되거나 답이 떠오르지 않으면 심사위원분들에게 "잠시만 답에 대해 생각을 정리하고 말씀드리겠습니다." 또는 "다음 문제부터 답변 드리겠습니다." 라고 말하고 차분하게 답을 찾아가는 방법도 좋습니다.

(10) 스포츠지도사 보디빌딩 자격 시험 관련 사이트 QR코드

체육지도자연수원 사이트 (시험 공고, 접수 등)	대한보디빌딩협회 공식 사이트 (보디빌딩 규정·근거 등)
대한보디빌딩협회 유튜브 채널 (운동 종목, 포징 등)	한국도핑방지위원회 사이트 (도핑관련)
스포츠윤리센터 사이트 (스포츠 인권 관련)	스포츠지원포탈 (경기인 등록)

보디빌딩 기초 이론

한눈에 보는 운동 종목

팔
이두
스탠딩 바벨 컬
스탠딩 리버스 바벨 컬
스탠딩 덤벨 컬
스탠딩 얼터네이트 덤벨 컬
덤벨 컨센트레이션 컬
스탠딩 덤벨 해머 컬
스탠딩 얼터네이트 해머 컬
스쿼팅 바벨 컬
삼두
스탠딩 바벨 오버헤드 트라이셉스 익스텐션
라잉 바벨 트라이셉스 익스텐션
스탠딩 원암
덤벨 오버헤드 트라이셉스 익스텐션
덤벨 킥백
벤치 딥스
전완
바벨 리스트 컬
바벨 리버스 리스트 컬
덤벨 리스트 컬
덤벨 리버스 리스트 컬
가슴
벤치 프레스
덤벨 플라이
덤벨 풀오버
어깨
밀리터리 프레스
비하인드 넥프레스
프런트 레이즈
업라이트 로우
벤트오버 레터럴 레이즈
등
바벨 및 덤벨로우
루마니안 데드리프트
쉬러그
굿모닝 엑서사이즈
하체
스쿼트
런지
데드리프트
카프레이즈

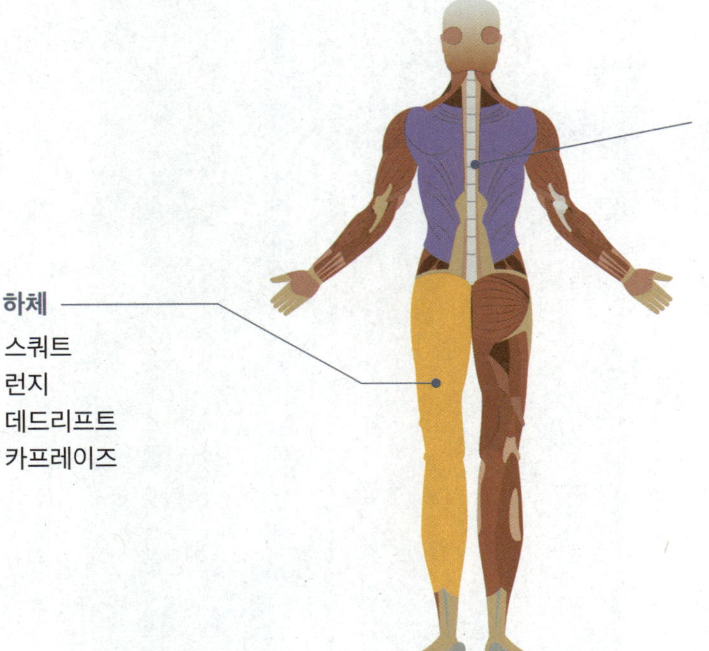

알아두어야 할 기초 이론

1. 보디빌딩 기본용어

스탠딩(Standing)	서서 예 스탠딩 암 컬
시티드(Seated)	앉아서 예 시티드 트라이셉스 익스텐션
라잉(Lying)	누워서 예 라잉 트라이셉스 익스텐션
프레스(Press)=푸시(Push)	밀어서 예 벤치 프레스, 푸시 업
풀(Pull)=로우(Row)	당겨서 예 랫 풀 다운, 바벨 로우
레이즈(Raise)	올려서 예 덤벨 레터럴 레이즈, 레그 레이즈
리버스(Reverse)	반대, 뒤 예 바벨 리버스 컬
컬(Curl)	말아올리는 예 덤벨 컬, 라잉 레그 컬
프런트(Front)	앞에 예 프런트 스쿼트
백(Back)	뒤, 등 예 백 스쿼트, 백 더블 바이셉스
익스텐션(Extension)	신전(펴지는) 예 백 익스텐션, 라잉 트라이셉스 익스텐션
플렉션(Flexion)	굴곡(굽혀지는)
어브덕션(Abduction)	외전(몸의 중심에서 멀어지는) 예 힙 어브덕션
어덕션(Adduction)	내전(몸의 중심에서 가까워지는) 예 힙 어덕션
벤트(Bent)	구부러진 예 덤벨 벤트오버 레이즈
얼터네이트(Alternate)	번갈아서, 엇갈리게 예 얼터네이트 그립, 얼터네이트 덤벨컬
플랫(Flat)	평평한 예 플랫 벤치프레스
인클라인(Incline)	위로 기울어진 예 인클라인 벤치 프레스
디클라인(Decline)	아래로 기울어진 예 디클라인 벤치 프레스

2. 해부학 관련 용어

명칭	의미	사진
해부학 자세	'똑바로 선 자세' 즉, 발을 약간 벌린 상태에서 발가락을 앞으로 향한 채 팔은 몸의 양 옆으로 내리고 손바닥을 앞으로 한 상태	
굴곡	굽히는 것 또는 신체 부위가 감소되는 것	**굴곡** Flexion
신전	펴는 것, 굴곡 자세에서 해부학 자세로 돌아가는 반대 동작	**신전** Extension
외전	벌리는 것, 신체 정중선에서 멀어지는 동작	**외전** Abduction

명칭	의미	사진
내전	모으는 것, 외전 자세에서 해부학적 자세로 돌아가는 반대 동작	**내전** Adduction
내(측)회전	안쪽으로 돌리는 것	**내측회전** Internal Rotation
외(측)회전	바깥쪽으로 돌리는 것	**외측회전** External Rotation
수평내전	팔을 90도로 외전한 다음 앞으로 이동	**수평내전** Horizontal adduction

명칭	의미	사진
수평외전	팔을 90도로 외전한 다음 뒤로 이동	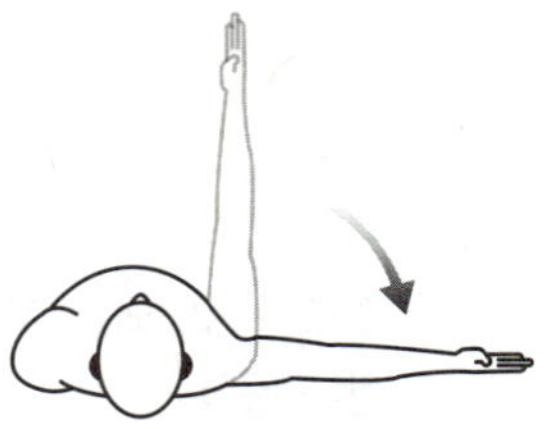 **수평외전** Horizontal Abduction
회외	손바닥이 하늘을 향하게 보는 것	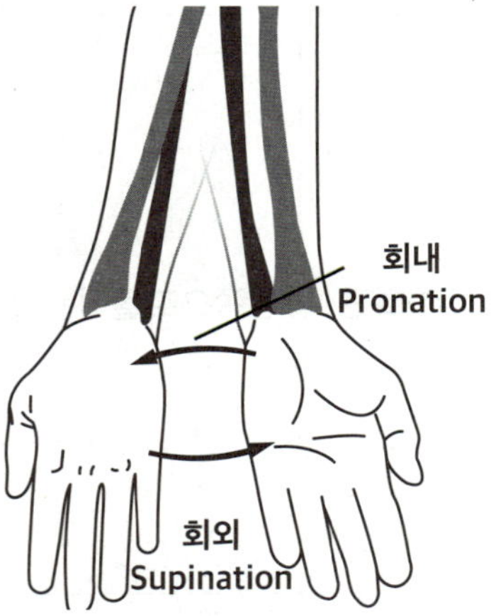
회내	손등이 하늘을 보는 것	
거상	견갑을 올리는 것	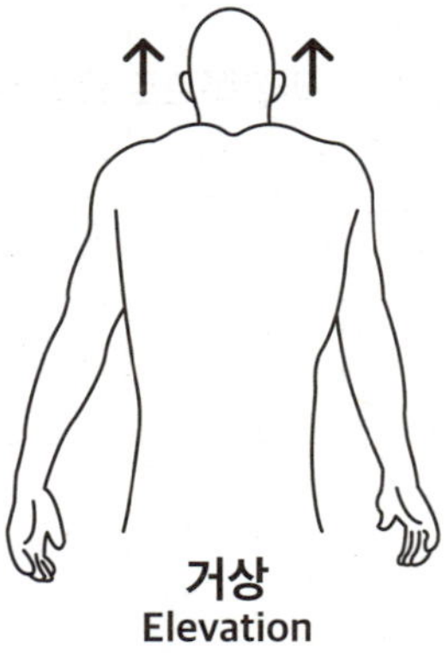

명칭	의미	사진
하강	견갑을 내리는 것	
전인(내밈)	관절이 앞으로 이동하는 동작(주로 견갑골에서 나타남)	
후인(들임)	관절이 뒤로 이동하는 동작(주로 견갑골에서 나타남)	

3. 호흡

- 근육이 수축할 때는 숨을 내쉬고 이완할 때 들이 마신다.
- 무게를 올릴수록 호흡에 집중해서 안정성을 높이면 해당 근육 부위에 정확한 자극을 줄 수가 있다.

4. 그립(Grip)

- 바벨이나 덤벨 등을 잡을 때 사용하는 방법으로 잡는 위치와 방법에 따라 다양하게 나누어지는데 모든 동작들을 숙지하는게 좋다. `

(1) 잡는 위치

와이드(Wide)

스탠다드(Standard)

내로우(Narrow)

(2) 잡는 방법

오버 그립(Over)

언더 그립(Under)

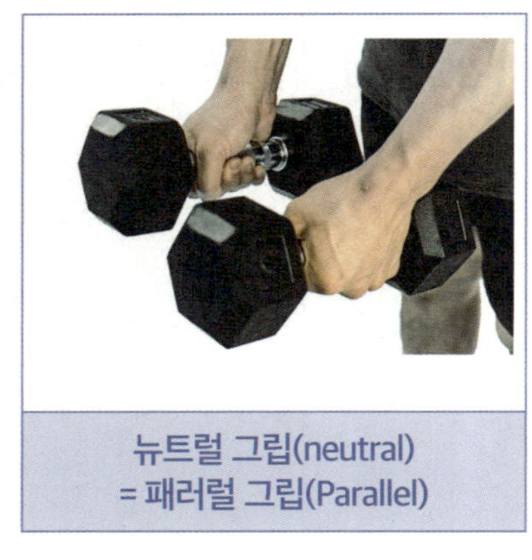

뉴트럴 그립(neutral)
= 패러럴 그립(Parallel)

얼터네이트 그립(Alternate)

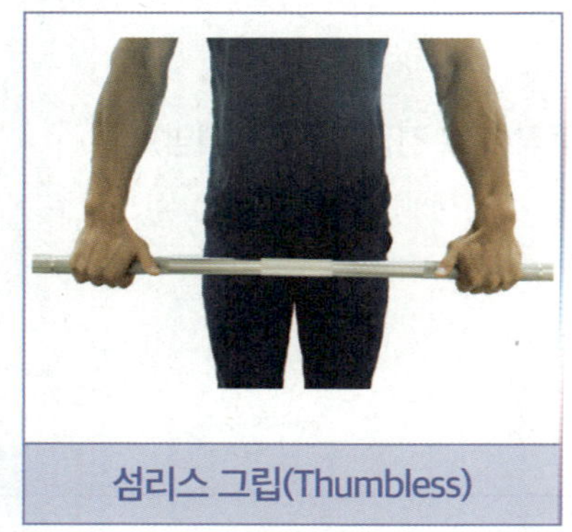

섬리스 그립(Thumbless)

MEMO

5. 스탠스(Stance)

- 동작 중 가장 기본이 되는 것이 발의 보폭이다. 보폭을 어떻게 하는 지에 따라 몸의 중심선이 이동하게 된다. 다양한 스탠스를 활용하면서 운동을 수행하면 효율적인 동작을 만들어내는데 유리하다.

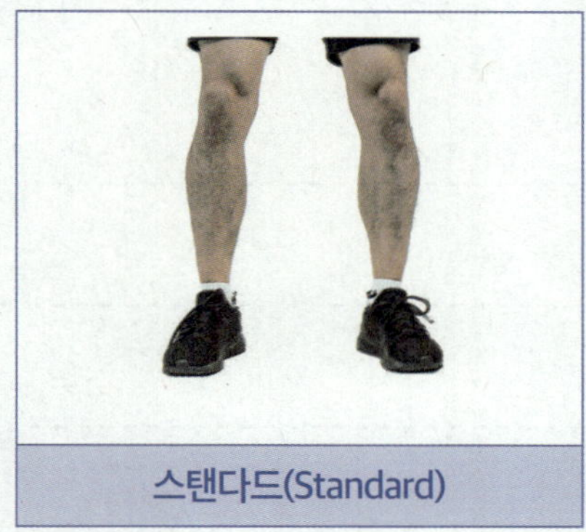

스탠다드(Standard)

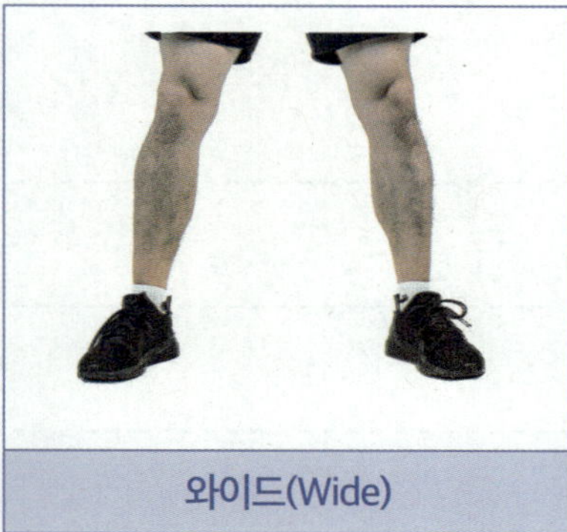

와이드(Wide)

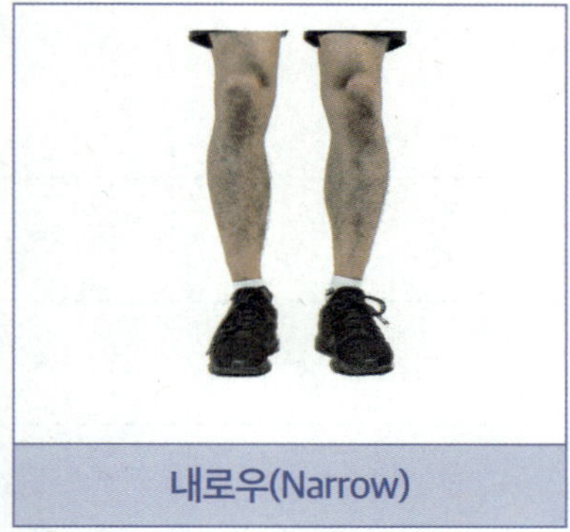

내로우(Narrow)

6. 시선

- 웨이트 트레이닝 동작을 실시할 때는 시선에 따라 자세가 달라지기 때문에 정확하게 고정시키도록 노력해야 한다. 일반적인 동작의 시선은 정면을 바라보고 구부리는 동작에서는 바닥 앞쪽의 시선을 둔다.

MEMO

실기동작

CHAPTER 01.
하체

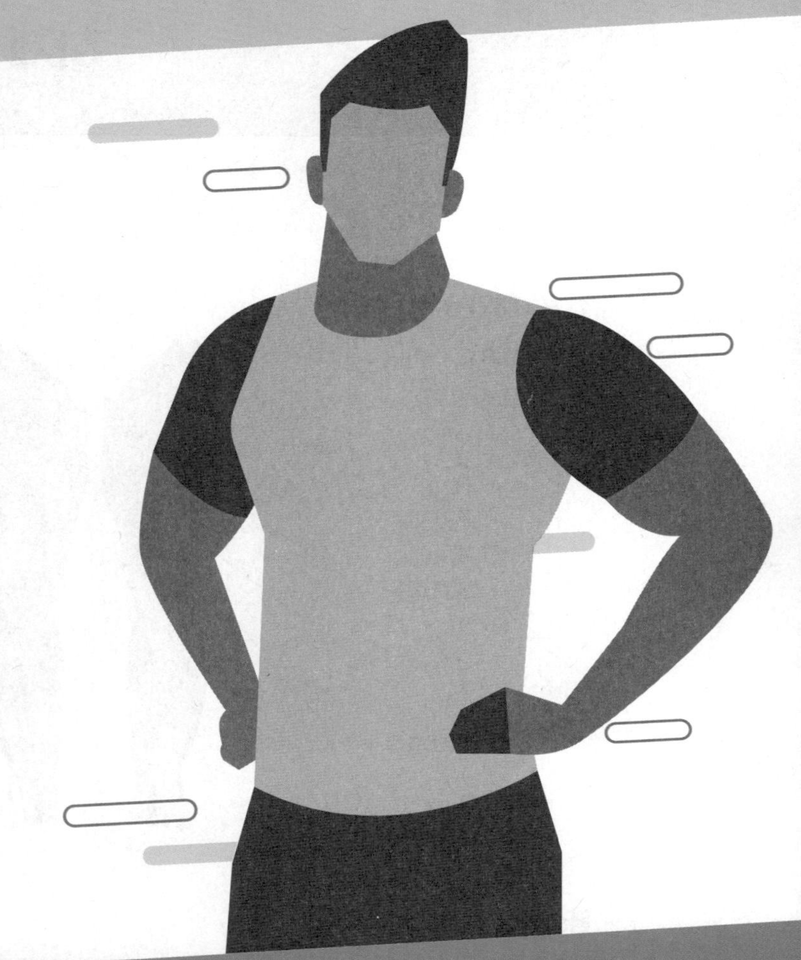

하체

대퇴사두근 기능

무릎을 신전하는(펴는) 동작

예 스쿼트
　런지

중간광근
대퇴직근
외측광근
내측광근

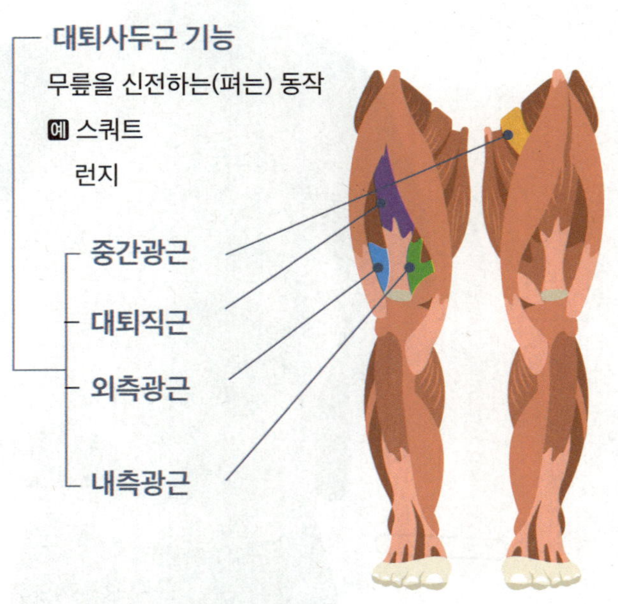

햄스트링 기능

허벅지를 뒤로 드는 동작
엉덩이 관절을 피거나 무릎을 굽히는 동작
예 스쿼트
　런지
　데드리프트

대퇴이두근
반건양근
반막양근

둔근 기능

무릎을 바깥으로 하고 다리를 뒤로 차는 동작(대둔근)
고관절이 굽혀지거나 펴지는 동작(대둔근)
다리를 옆으로 드는 동작 (중둔근, 소둔근)
예 스쿼트
　런지
　굿모닝 엑서사이즈

비복근

발꿈치를 들어 올리는 동작
무릎을 굽히는 동작
예 스쿼트
　카프레이즈

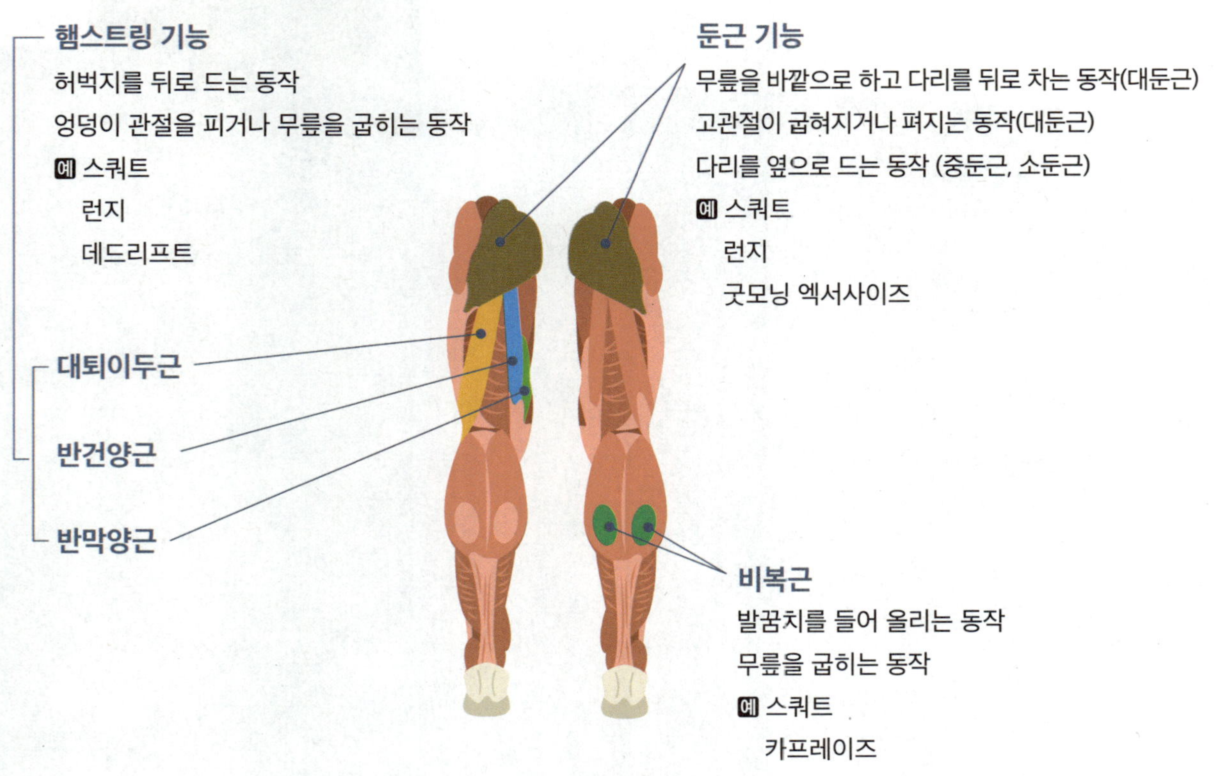

	1차	2차	3차	시험 전
1. 백스쿼트(바벨 스쿼트)	☐	☐	☐	☐
2. 바벨 와이드 스탠스 스쿼트	☐	☐	☐	☐
3. 바벨 프런트 스쿼트	☐	☐	☐	☐
4. 고블릿 스쿼트(덤벨 프런트 스쿼트)	☐	☐	☐	☐
5. 바벨 불가리안 스플릿 스쿼트 　(2급 전문, 1급 생활만 출제)	☐	☐	☐	☐
6. 덤벨 불가리안 스플릿 스쿼트	☐	☐	☐	☐
7. 스티프 레그 데드리프트	☐	☐	☐	☐
8. 바벨 런지	☐	☐	☐	☐
9. 덤벨 런지	☐	☐	☐	☐

1	백 스쿼트		
2	바벨 와이드 스탠스 스쿼트		
3	바벨 프런트 스쿼트		
4	고블릿 스쿼트 (덤벨 프런트 스쿼트)		
5	바벨 불가리안 스플릿 스쿼트 (2급 전문 · 1급 생활만 출제)		

6	덤벨 불가리안 스플릿 스쿼트		
7	스티프 레그 데드리프트		
8	바벨 런지		
9	덤벨 런지		

백스쿼트(바벨 스쿼트)(Back Squat)

바벨을 어깨 뒤쪽 승모근 위에 올리고 상체를 곧게 유지하고 앉았다 일어서는 동작으로 하체 전체를 강화시키는 대표적인 운동이다.

평가 기준

① 두 발은 어깨너비(또는 약간 넓게)로 서있는가?
② 바벨을 어깨보다 약간 넓게 잡고 승모근(상부)에 위치하게 했는가?
③ 엉덩이를 뒤로 빼고 앉을 때 무릎이 발끝 방향으로 향하는가?
④ 대퇴가 바닥과 수평이 될 때까지 앉았는가?
⑤ 뒤꿈치가 바닥에서 떨어지지 않도록 했는가?
⑥ 일어설 때 반동을 이용하거나 상체를 구부리지 않았는가?

1 양발의 간격은 어깨너비와 스탠다드 스탠스로 맞추고 발의 모양은 약간 V자로 발끝이 바깥을 향하게 한다. 엉덩이를 뒤쪽으로 살짝 미는 듯한 느낌으로 천천히 앉는다.

2 대퇴부가 지면과 수평이 되도록 하며 동작 내내 허리와 등을 편 채로 유지한다. 반동을 이용하지 않은 상태로 천천히 일어나며, 완전히 일어섰을 때 엉덩이를 앞으로 밀지 않도록 주의한다. 호흡은 내려갈 때 들이마시고 올라오면서 내쉰다.

CUEING

시선 정면 보기, 발끝을 V자 방향으로 두기, 뒤꿈치가 바닥에 떨어지지 않도록 하기

💪 바벨 와이드 스탠스 스쿼트(Barbell Wide Stance Squat)

① 양발의 간격이 어깨너비보다 넓게 위치하고 있는가?
② 바벨을 어깨보다 약간 넓게 잡고 승모근(상부)에 위치하게 했는가?
③ 엉덩이를 뒤로 빼고 앉을 때 무릎이 발끝 방향으로 향하는가?
④ 일어설 때 반동을 이용하거나 상체를 구부리지 않았는가?

1 양발의 간격은 어깨너비보다 넓게 맞추고 발의 모양은 V자로 발끝이 바깥을 향하게 한다. 바벨을 어깨너비보다 약간 넓게 잡고 승모근(상부)에 위치시킨다.

2 대퇴부가 지면과 수평이 되도록 동작 내내 허리와 등을 편 채로 유지한다. 반동을 이용하지 않은 상태로 천천히 일어나며, 완전히 일어섰을 때 엉덩이를 앞으로 밀지 않도록 주의한다. 호흡은 내려갈 때 들이마시고 올라오면서 내쉰다.

바벨 프런트 스쿼트(Barbell Front Squat)

바벨을 전면 삼각근과 대흉근 상부에 얹듯이 고정시키고 무게중심을 중간에 두며 앉았다 일어서는 동작으로 대퇴사두근을 강화하는 데 큰 도움이 된다.

<table>
<tr><td>평가
기준</td><td>① 양발은 어깨너비(또는 약간 넓게)로 했는가?
② 바벨은 쇄골과 어깨로 지탱하고 있는가?
③ 가슴과 팔꿈치를 들고 허리는 꼿꼿이 세우고 있는가?
④ 무릎이 발끝을 넘지않고 있는가?
⑤ 시선은 정면을 주시하고있는가?</td></tr>
</table>

① 바벨을 전면 삼각근과 대흉근 상부에 얹듯이 고정시킨다. 양발은 어깨너비로 하고 시선은 전면을 향하도록 한다. 호흡을 들이마시며 천천히 앉는다.

② 허벅지가 무릎과 평행 또는 낮은 위치까지 내려가도록 한다. 천천히 일어서며 호흡을 내쉰다.

CUEING

시선 정면 보기, 발끝을 V자 방향으로 두기, 뒤꿈치가 바닥에 떨어지지 않도록 하기

💪 고블릿 스쿼트(덤벨 프런트 스쿼트)(Goblet Squat)

고블릿(goblet)은 잔(컵)이라는 뜻으로 덤벨을 양손으로 가슴 앞에 들고 스쿼트를 하는 형태에서 유래된 운동으로 무게가 앞에 있어 스쿼트 자세의 안정성 확보하는 데 유리한 운동이다.

<table>
<tr><td rowspan="6">평가
기준</td><td>① 두 발바닥은 바닥에 잘 고정되어 있는가?</td></tr>
<tr><td>② 덤벨은 양손 위에 잘 고정되었으며, 팔꿈치는 벌어지지 않았는가?</td></tr>
<tr><td>③ 허리가 과도하게 꺾이지 않았는가?</td></tr>
<tr><td>④ 무릎과 발목은 몸 앞쪽으로 잘 구부러지고 있는가?</td></tr>
<tr><td>⑤ 양쪽 무릎이 몸 안쪽으로 모이지 않았는가? (X자 다리)</td></tr>
<tr><td>⑥ 호흡은 앉기 전 들이마시고, 다 일어선 후 내쉬었는가?</td></tr>
</table>

1 양발의 간격은 어깨너비 또는 약간 넓게 벌리고 덤벨을 팔꿈치가 벌어지지 않게 양손 위에 잘 고정시킨다.

2 허리와 등을 편 채로 무릎과 발목이 안쪽으로 모이지 않게 내려간다. 반동을 이용하지 않은 상태로 천천히 일어나며 호흡은 내려갈 때 들이마시고 올라오면서 내쉰다.

CUEING

시선 정면 보기, 발끝을 V자 방향으로 두기, 뒤꿈치가 바닥에 떨어지지 않도록 하기

바벨 불가리안 스플릿 스쿼트(2급 전문 · 1급 생활만 출제) (Barbell Bulgarian Split Squat)

불가리아 역도팀이 훈련했던 것으로 알려진 동작으로 벤치에 한 다리를 올려놓고 실시하며 한 다리씩 집중적으로 부하를 주기에 용이하다.

① 바벨은 등 상부에 잘 고정되어 있는가?
② 한 발은 바닥에, 다른 한 발은 벤치에 잘 고정되어 있는가?
③ 양쪽 무릎을 둘 다 적절히 구부려서 앉았는가?
④ 양쪽 무릎이 몸 안쪽으로 모이지 않았는가? (X자 다리)
⑤ 허리를 과도하게 꺾거나 숙이지 않았는가?
⑥ 호흡은 앉기 전 들이마시고, 다 일어선 후 내쉬었는가?

1 바벨을 등 상부에 잘 고정시킨 후 벤치에 원하는 한쪽 발의 발등을 올려서 고정시킨 다음에 앞다리를 살짝 앞으로 내밀어 상체를 곧게 세운다.

2 앞쪽 무릎이 90도 정도 굽혀질 때까지 엉덩이를 낮추고 앞쪽 발의 지면을 밀어올리며 일어선다. 양쪽 무릎이 몸 안쪽으로 들어오지 않고 허리를 과도하게 꺾거나 숙이지 않도록 주의한다. 호흡은 내려갈 때 들이마시고 올라오면서 내쉰다.

CUEING

내려가고 올라갈 때 몸이 흔들리지 않도록 호흡에 신경쓰기

덤벨 불가리안 스플릿 스쿼트(Dumbbell Bulgarian Split Squat)

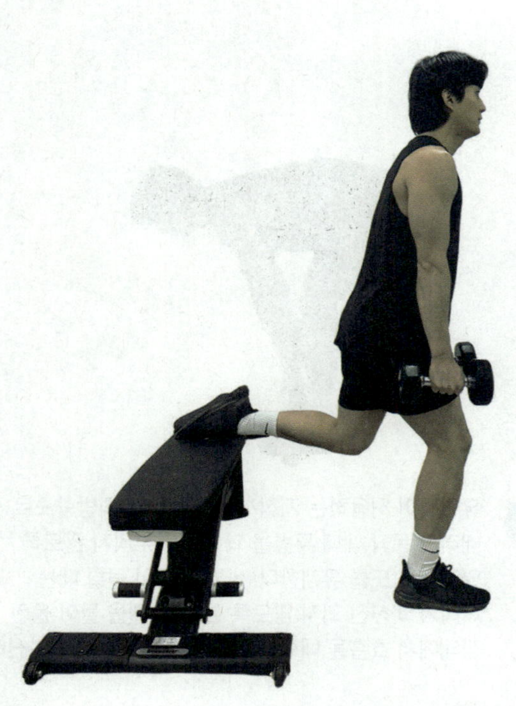

1 양손에 덤벨을 잡고 허벅지 쪽에 위치시킨 후 벤치에 원하는 한쪽 발의 발등을 올려서 고정시킨 다음에 앞다리를 살짝 앞으로 내밀어 상체를 곧게 세운다.

2 앞쪽 무릎이 90도 정도 굽혀질 때까지 엉덩이를 낮추고 앞쪽 발의 지면을 밀어올리며 일어선다. 양쪽 무릎이 몸 안쪽으로 들어오지 않고 허리를 과도하게 꺾거나 숙이지 않도록 주의한다. 호흡은 내려갈 때 들이마시고 올라오면서 내쉰다.

CUEING

내려가고 올라갈 때 몸이 흔들리지 않도록 호흡에 신경쓰기

평가 기준

① 두 발을 어깨너비(또는 약간 좁은) 간격으로 서 있는가?
② 바벨을 오버핸드 그립으로 잡았는가?
③ 고개는 들고 정면을 주시하며 동작을 실시하고 있는가?
④ 동작 내내 바벨이 대퇴부에 가까이 위치하고 있는가?
⑤ 가슴을 펴고 허리는 중립을 유지하는가?

1 스탠다드 오버핸드 그립으로 바벨을 잡고 어깨너비보다 약간 좁은 간격으로 양발을 평행하게 유지시킨다. 바벨을 들고 시선은 전면을 향한다.

2 유연성이 허용하는 지점까지 바벨을 수직방향으로 내리고 동작 내내 무릎을 과하게 구부리지 않도록 일정한 각도를 유지한다. 바벨을 들어 올릴 때는 허리가 과신전 되지 않도록 한다. 바벨을 들어 올린 상태에서 호흡을 내쉬고 내리면서 호흡을 들이마신다.

CUEING

• 바벨과 허벅지와의 간격이 멀어지지 않도록 한다.
• 바벨을 들어 올렸을 때 허리와 등을 과신전하지 않도록 한다.

※ 스티프 데드리프트! 이렇게 해보는건 어떨까? (각자 생각해보기)

• 가동범위가 나오지 않으면 무릎을 살짝 굽혀서 해보는건 어떨까?
• 바벨이 아닌 덤벨로 하는건 어떨까? (덤벨 스티프 데드리프트)

상체를 고정시킨 후에 한쪽 발이 앞으로 나갔다가 다시 제자리로 돌아오는 동작으로 둔근과 허벅지 강화에 좋은 운동이다.

바벨 런지(Barbell Lunge)

평가 기준

① 앞으로 내딛는 다리의 발바닥이 바닥에 닿도록 했는가?
② 바벨이 승모근에 위치하고 있는가?
③ 무릎이 발끝보다 나오지 않게 하였는가?
④ 올라오는 단계에서 숨을 내쉬었는가?
⑤ 허리와 등을 곧게 편 상태로 유지하고 몸의 균형을 잡았는가?

① 바벨을 승모근 위에 위치시켜 바벨이 어느 한쪽에 기울어지지 않게 한 상태로 정면을 바라보며 상체를 곧게 편다.

② 하위 구간에서 앞쪽 다리와 뒤쪽 다리의 무릎 각이 90도가 이루도록 앉았다 일어서며 제자리로 돌아온다. 호흡은 내려갈 때 들이마시고 올라오면서 내쉰다.

덤벨 런지(Dumbbell Lunge)

① 앞으로 내딛는 다리의 발바닥이 바닥에 닿도록 했는가?
② 덤벨을 양손에 들고 덤벨이 흔들리지 않게 유지하는가?
③ 무릎이 발끝보다 나오지 않게 하였는가?
④ 허리와 등을 곧게 편 상태로 유지하고 몸의 균형을 잡았는가?

1 양손에 덤벨을 들고 양발은 어깨너비보다 약간 좁게 벌린 상태로 선 다음, 좌우 발의 순서 상관없이 발을 앞으로 내딛는다.

2 하위 구간에서 앞쪽 다리와 뒤쪽 다리의 무릎 각이 90도가 이루도록 앉았다 일어서며 제자리로 돌아온다. 호흡은 내려갈 때 들이마시고 올라오면서 내쉰다.

CUEING

상체의 무게중심은 중간으로 하여 앞발과 무릎이 일직선을 유지하고 무릎이 과하게 앞으로 나가거나 상체가 과하게 뒤로 쳐지지 않게 한다.

※ 런지! 이렇게 해보는건 어떨까? (각자 생각해보기)

• 워킹런지로 하는건 어떨까?
• 런지 동작을 앞이 아닌 뒤로 가면서 해보는건 어떨까?(리버스 런지)

실기동작

CHAPTER 02.

가슴

가슴

대흉근 기능

팔을 안쪽으로 모으는 동작
팔로 던지는 동작 또는 미는 동작
예 벤치 프레스
　 덤벨 플라이
　 덤벨 풀오버

소흉근 기능

어깨를 앞으로 모아
몸을 움츠리게 하는 동작
예 벤치 프레스
　 덤벨 플라이

전거근 기능

견갑골을 밖으로 돌리고
흉곽에 밀착시키며
앞으로 미는 동작
예 벤치 프레스
　 덤벨 풀오버

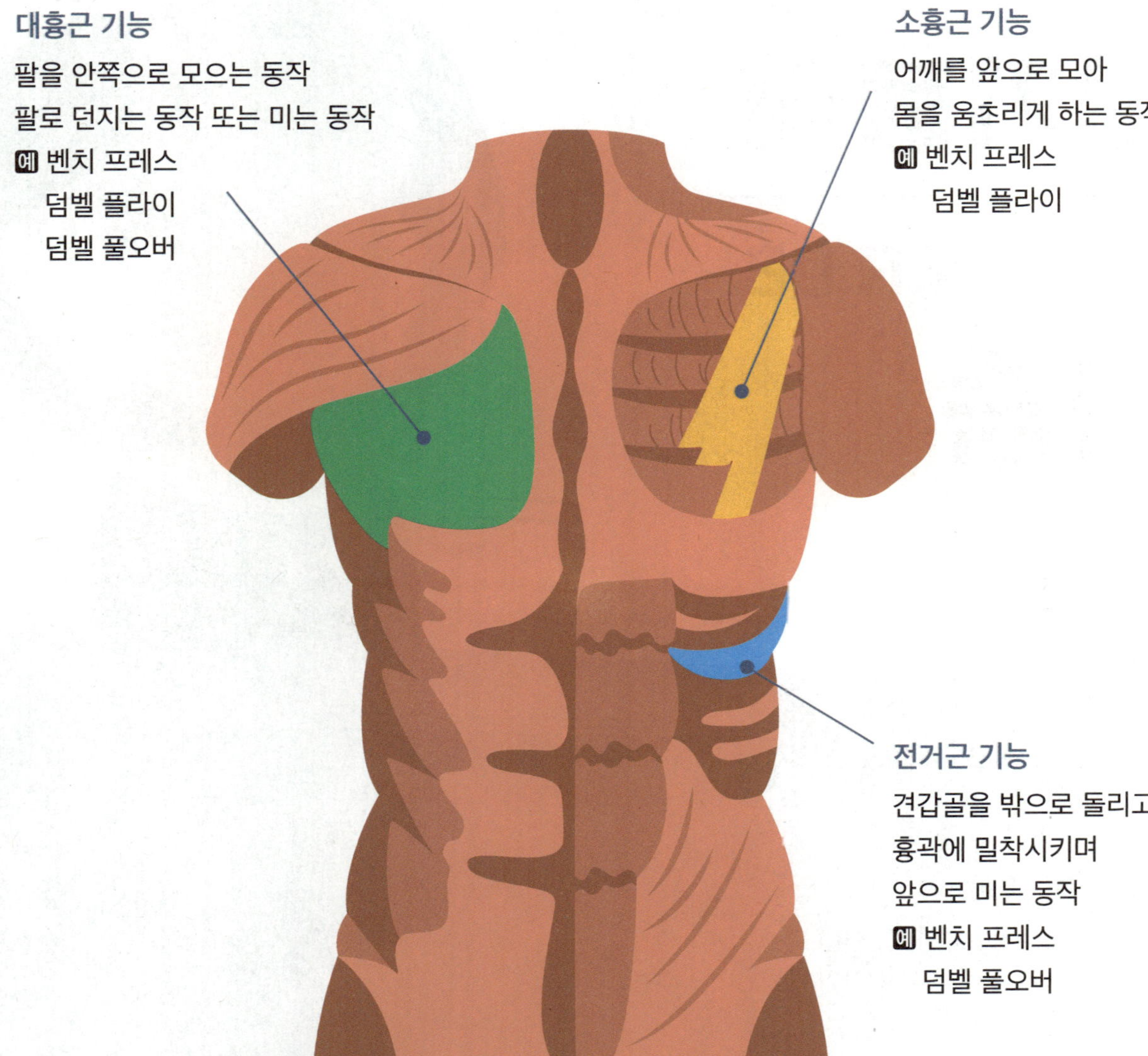

가슴 종목 체크리스트

	1차	2차	3차	시험 전
1. 플랫 바벨 벤치 프레스	☐	☐	☐	☐
2. 인클라인 바벨 벤치 프레스	☐	☐	☐	☐
3. 플랫 덤벨 벤치 프레스	☐	☐	☐	☐
4. 인클라인 덤벨 벤치 프레스	☐	☐	☐	☐
5. 플랫 덤벨 플라이	☐	☐	☐	☐
6. 플랫 덤벨 풀오버	☐	☐	☐	☐

1	플랫 바벨 벤치 프레스		
2	인클라인 바벨 벤치 프레스		
3	플랫 덤벨 벤치 프레스		
4	인클라인 덤벨 벤치 프레스		
5	플랫 덤벨 플라이		
6	플랫 덤벨 풀오버		

벤치 프레스(Bench Press)

가슴 전체 근육을 발달시킬 수 있는 가장 대표적인 운동으로 벤치에 등을 기대고 바벨 또는 덤벨을 중력에 대항하여 들어올려 가슴근육을 수축시킨다.

> **평가 기준**
> ① 두 발은 바닥에 잘 고정되어 있는가?
> ② 허리가 과도하게 꺾이지 않았는가?
> ③ 양손은 적당한 간격으로 바벨을 잡았는가?
> ④ 팔꿈치를 수직으로 구부려서 바벨을 가슴에 내렸는가?
> ⑤ 호흡은 바벨을 내릴 때 들이마시고, 올릴 때 내쉬었는가?

플랫 바벨 벤치 프레스(Flat Barbell Bench Press)

1 벤치에 누워 양발을 바닥에 고정시킨다. 머리, 어깨, 엉덩이가 벤치에 닿은 상태에서 허리를 아치 형태로 만들고 바벨을 어깨너비보다 약간 넓게 잡는다. 바를 들어서 가슴 중앙에 위치시키고 시선은 바벨 중앙 지점에 둔다.

2 바가 가슴에 닿도록 천천히 내리고 올리면서 대흉근을 수축시킨다. 바를 들어 올릴 때 팔은 완전히 펴지 않도록 한다. 바벨을 올리면서 호흡을 내쉬고, 내리면서 들이마신다.

CUEING

- 바벨을 내릴 때 과도하게 내리지 않도록 한다.
- 손목이 뒤로 꺾이지 않도록 한다.

인클라인 바벨 벤치 프레스(Incline Barbell Bench Press)

각도조절벤치를 사용하여 윗가슴에 부하를 줄 수 있는 동작이다. 벤치 각도는 30~40도가 적합하고 지나치게 높은 각도는 어깨 부상 위험이 있다.

<table>
<tr><td>평가
기준</td><td>① 두 발바닥은 바닥에 잘 고정되어 있는가?
② 허리가 과도하게 꺾이지 않았는가?
③ 양손은 적당한 간격으로 바벨을 잡았는가?
④ 팔꿈치를 수직으로 구부려서 바벨을 가슴에 내렸는가?
⑤ 호흡은 바벨을 내릴 때 들이마시고, 올릴 때 내쉬었는가?</td></tr>
</table>

1 각도조절벤치를 이용하여 자신에게 적절한 각도를 맞춘다(30도에서 40도 권장). 벤치에 등을 기대어 양발을 바닥에 고정시킨 후 머리, 어깨, 엉덩이가 벤치에 닿은 상태에서 허리를 약간의 아치를 만든다. 바벨을 들어서 자신에게 맞는 간격으로 잡고, 가슴 중앙에 위치시키고 시선은 바벨 중앙에 둔다.

2 바벨이 가슴 앞에까지 오도록 천천히 내리고 올리면서 대흉근 상부를 수축시킨다. 호흡은 바벨을 내리면서 들이마시고 올라오면서 내쉰다.

CUEING

• 손목이 뒤로 꺾이지 않도록 한다.

플랫 덤벨 벤치 프레스(Flat Dumbbell Bench Press)

① 두 발은 바닥에 잘 고정되어 있는가?
② 허리가 과도하게 꺾이지 않았는가?
③ 양손은 적당한 간격으로 덤벨을 잡았는가?
④ 팔꿈치를 수직으로 구부려서 덤벨을 가슴 옆으로 내렸는가?
⑤ 호흡은 덤벨을 내릴 때 들이마시고, 올릴 때 내쉬었는가?

1 벤치에 누워 양발을 바닥에 고정시킨다. 머리, 어깨, 엉덩이가 벤치에 닿은 상태에서 허리를 아치 형태로 만들고 덤벨을 양손에 오버그립으로 잡는다. 덤벨을 들어올리고 시선은 전면을 향하도록 한다.

2 덤벨을 가슴 옆으로 천천히 내리고 올리면서 대흉근을 수축시킨다. 양팔의 전완이 지면과 수직을 이루는 상태를 유지하도록 한다. 덤벨을 올리면서 호흡을 내쉬고, 내리면서 들이마신다.

CUEING

- 덤벨을 내릴 때 과도하게 내리지 않도록 한다(수직 상태 유지)
- 손목이 뒤로 꺾이지 않도록 한다.

💪 인클라인 덤벨 벤치 프레스(Incline Dumbbell Bench Press)

① 두 발은 바닥에 잘 고정되어 있는가?
② 허리가 과도하게 꺾이지 않았는가?
③ 양손은 덤벨을 견고하게 잡았으며, 손목은 꺾이지 않았는가?
④ 팔꿈치를 수직으로 구부려서 덤벨을 가슴 옆에 내렸는가?
⑤ 호흡은 덤벨을 내릴 때 들이마시고, 올릴 때 내쉬었는가?

1 각도조절벤치를 이용하여 자신에게 적절한 각도를 맞춘다(30도에서 40도 권장). 벤치에 등을 기대어 양발을 바닥에 고정시킨 후 머리, 어깨, 엉덩이가 벤치에 닿은 상태에서 허리를 약간의 아치를 만든다. 양손에 덤벨을 들고 손목은 꺾이지 않도록 주의한다.

2 덤벨을 가슴 옆까지 오도록 천천히 내리고 올리면서 대흉근 상부를 수축시킨다. 호흡은 덤벨을 내리면서 들이마시고 올라오면서 내쉰다.

가슴 안쪽 근육을 발달시키기 좋은 운동이며 벤치 또는 매트에 등을 기대어 덤벨을 들고 양팔을 넓게 벌린 다음 가슴 앞으로 모아주는 동작이다.

평가 기준

① 두 발은 바닥에 잘 고정시켰는가?
② 허리가 과도하게 꺾이지 않았는가?
③ 뉴트럴 그립으로 잡았는가?
④ 덤벨을 반원으로 내릴 때 팔꿈치의 굽힘 정도가 적정한가?
⑤ 호흡은 덤벨을 내릴 때 들이마시고, 올릴 때 내쉬었는가?

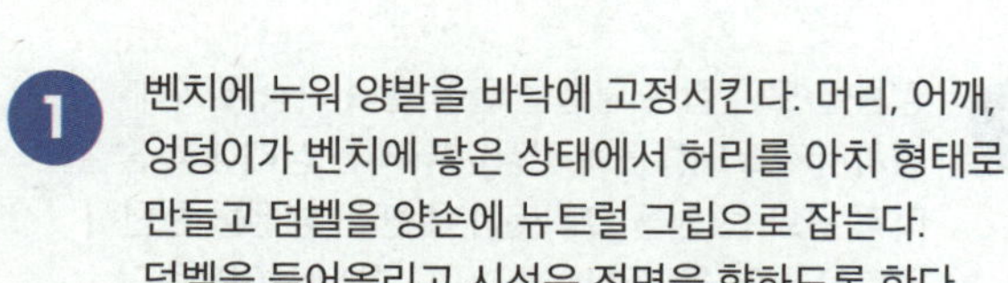

1 벤치에 누워 양발을 바닥에 고정시킨다. 머리, 어깨, 엉덩이가 벤치에 닿은 상태에서 허리를 아치 형태로 만들고 덤벨을 양손에 뉴트럴 그립으로 잡는다. 덤벨을 들어올리고 시선은 전면을 향하도록 한다.

2 팔꿈치를 살짝 구부린 상태에서 덤벨을 가슴 옆으로 큰 원을 그리듯이 내리고 덤벨을 가슴 앞으로 모으면서 대흉근을 수축시킨다. 덤벨을 내릴 때 하위 구간에서 덤벨이 몸통보다 내려가지 않도록 한다. 덤벨을 내리면서 호흡을 들이마시고 모으면서 내쉰다.

CUEING

• 덤벨을 내릴 때 하위 구간에서 덤벨이 몸통보다 내려가지 않도록 한다.

※ 덤벨 플라이! 이렇게 해보는건 어떨까? (각자 생각해보기)
  • 벤치 각도를 인클라인으로 하는건 어떨까?

덤벨을 양손으로 잡고 팔꿈치와 손목을 고정한 상태에서 흉곽을 확장시키는 운동으로 가슴 근육 발달에 효과적이다.

평가 기준

① 두 발은 바닥에 잘 고정되어 있는가?
② 양손을 모아 잡은 덤벨을 들어 올려 가슴 위쪽에 위치시켰는가?
③ 덤벨을 머리 뒤로 큰 원을 그리듯이 내렸는가?
④ 팔꿈치 관절을 충분히 연 상태에서 수직이 되도록 팔을 올렸는가?
⑤ 하위 구간에서 엉덩이가 들리지 않도록 주의하였는가?
⑥ 덤벨이 가슴 앞쪽으로 오면서 호흡을 내쉬었는가?

1 벤치 모서리에 등 상부를 기대고 양발을 바닥에 고정시킨다. 어깨가 벤치에 닿아있는 상태에서 머리와 허리를 들어 자세를 취하고 시선은 전면을 향한다.

2 양손을 모아 잡은 덤벨을 들어 올려 가슴 위쪽에 위치시키고 대흉근의 긴장이 유지된 상태에서 덤벨을 머리 뒤로 큰 원을 그리듯이 내린다. 덤벨을 천천히 앞으로 들어 올리면서 엉덩이도 함께 들어올린다. 호흡은 덤벨을 내리면서 들이마시고 올리면서 내쉰다.

CUEING

• 덤벨을 내리는 구간에서 엉덩이가 들리지 않도록 한다.

※ 덤벨 풀오버! 이렇게 해보는건 어떨까? [각자 생각해보기]
• 수축 동작시 광배근에 집중해서 풀오버 동작을 해보는건 어떨까?

실기동작

CHAPTER 03.

팔

팔

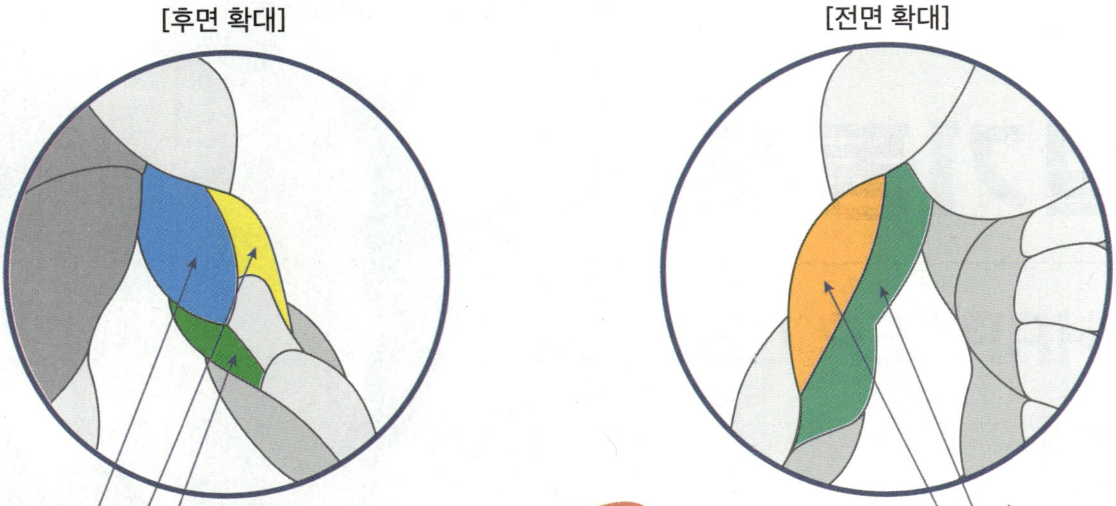

[후면 확대]　　　　　　　　　　　　　[전면 확대]

장두
외측두
내측두

장두
단두

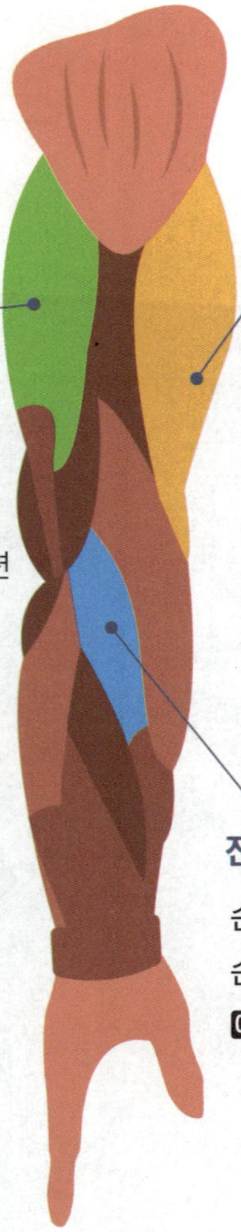

상완 삼두근 기능

팔꿈치를 펴는 동작

예 스탠딩 바벨 오버헤드 트라이셉스 익스텐션
　 라잉 바벨 트라이셉스 익스텐션
　 스탠딩 원암 덤벨 오버헤드 트라이셉스 익스텐션
　 덤벨 킥백
　 벤치 딥스

상완이두근 기능

팔꿈치를 굽히는 동작

예 스탠딩 바벨 컬
　 스탠딩 리버스 바벨 컬
　 스탠딩 덤벨 컬
　 스탠딩 얼터네이트 덤벨 컬
　 덤벨 컨센트레이션 컬
　 스탠딩 덤벨 해머 컬
　 스탠딩 얼터네이트 해머 컬
　 스쿼팅 바벨 컬

전완근 기능

손목을 위로 올리거나 내리거나 하는 동작
손목을 회내·회외하는 동작

예 바벨 리스트 컬
　 바벨 리버스 리스트 컬
　 덤벨 리스트 컬
　 덤벨 리버스 리스트 컬

팔 종목 체크리스트

	1차	2차	3차	시험 전
1. 스탠딩 바벨 컬	☐	☐	☐	☐
2. 스탠딩 리버스 바벨 컬	☐	☐	☐	☐
3. 스탠딩 덤벨 컬	☐	☐	☐	☐
4. 스탠딩 얼터네이트 덤벨 컬	☐	☐	☐	☐
5. 스탠딩 해머 컬	☐	☐	☐	☐
6. 스탠딩 얼터네이트 해머 컬	☐	☐	☐	☐
7. 덤벨 컨센트레이션 컬	☐	☐	☐	☐
8. 스쿼팅 바벨 컬(2급 전문 · 1급 생활만 출제)	☐	☐	☐	☐
9. 스탠딩 바벨 오버헤드 트라이셉스 익스텐션	☐	☐	☐	☐
10. 라잉 바벨 트라이셉스 익스텐션	☐	☐	☐	☐
11. 스탠딩 원암 덤벨 오버헤드 트라이셉스 익스텐션	☐	☐	☐	☐
12. 덤벨 킥백	☐	☐	☐	☐
13. 벤치 딥스	☐	☐	☐	☐
14. 바벨 리스트 컬	☐	☐	☐	☐
15. 바벨 리버스 리스트 컬	☐	☐	☐	☐
16. 덤벨 리스트 컬	☐	☐	☐	☐
17. 덤벨 리버스 리스트 컬	☐	☐	☐	☐

한눈에 보는 팔 실기 동작

1	스탠딩 바벨 컬		
2	스탠딩 리버스 바벨 컬		
3	스탠딩 덤벨 컬		
4	스탠딩 얼터네이트 덤벨 컬		
5	스탠딩 해머 컬		
6	스탠딩 얼터네이트 해머 컬		
7	덤벨 컨센트레이션 컬		

8	스쿼팅 바벨 컬 (2급 전문 · 1급 생활만 출제)		
9	스탠딩 바벨 오버헤드 트라이셉스 익스텐션		
10	라잉 바벨 트라이셉스 익스텐션		
11	스탠딩 원암 덤벨 오버헤드 트라이셉스 익스텐션		
12	덤벨 킥백		
13	벤치 딥스		
14	바벨 리스트 컬		
15	바벨 리버스 리스트 컬		
16	덤벨 리스트 컬		
17	덤벨 리버스 리스트 컬		

스탠딩 바벨 컬(Standing Barbell Curl)

평가 기준	① 두 발을 어깨너비로 벌리고 서서 스탠다드 언더핸드 그립으로 바벨을 잡았는가? ② 팔꿈치가 어깨 뒤로 빠지지 않게 고정하고 있는가? ③ 호흡은 바를 내릴 때 들이마시고 올릴 때 내쉬었는가?

1 스탠다드 언더핸드 그립으로 바벨을 잡고 양팔을 편 채로 유지하고 시선은 정면을 향하도록 한다.

2 팔이 최대한 굽혀지도록 바벨을 들어 올리며 이두근을 수축시키고 최고점까지 올라갔을 때 호흡을 내쉰다. 그리고 천천히 내리면서 들이마신다.

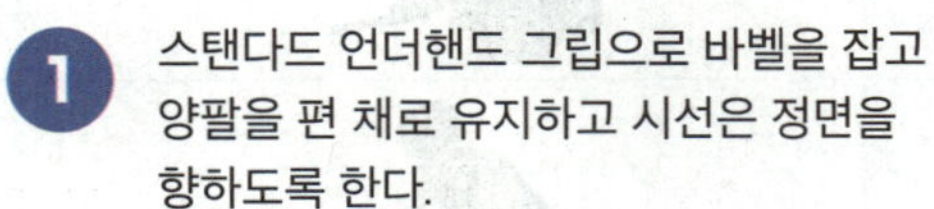

CUEING

동작 중 상체와 팔꿈치가 앞뒤로 움직이지 않도록 고정시킨다.

스탠딩 리버스 바벨 컬(Standing Reverse Barbell Curl)

① 두 발을 어깨너비로 벌리고 서서 오버 그립으로 바벨을 잡았는가?
② 팔꿈치가 움직이지 않도록 고정시켰는가?
③ 호흡은 바를 내릴 때 들이마시고 올릴 때 내쉬었는가?

1 양손을 어깨너비 간격으로 벌린 후, 바벨을 오버 그립으로 잡는다. 시선은 정면을 향하도록 하고 팔을 아래로 내린 채로 준비한다.

2 바벨을 최대한 들어 올려 이두근을 수축시킨다. 상위 구간에서 손목이 아래로 굽혀지지 않도록 한다. 바벨을 최고점까지 들어 올렸을 때 호흡을 내쉬고 내려오면서 들이마신다.

CUEING

동작 중 팔꿈치가 앞뒤로 움직이지 않도록 고정시킨다.

스탠딩 덤벨 컬(Standing Dumbbell Curl)

① 두 발을 어깨너비로 벌리고 서서 스탠다드 언더핸드 그립으로 덤벨을 잡았는가?
② 팔꿈치가 어깨 뒤로 빠지지 않게 고정시켰는가?
③ 덤벨을 올릴 때 호흡을 내쉬고 있는가?

1 어깨너비만큼 발을 벌리고 덤벨을 언더그립으로 양손에 잡고 허벅지 옆쪽에 위치시킨다.

2 팔이 최대한 굽혀지도록 덤벨을 들어 올리고 최고점까지 올라갔을 때 호흡을 내쉰다. 그리고 천천히 내리면서 호흡을 들이마신다.

CUEING

동작 중 상체와 팔꿈치가 앞뒤로 움직이지 않도록 고정시킨다.

💪 스탠딩 얼터네이트 덤벨 컬(Standing Alternate Dumbbell Curl)

① 두 발을 어깨너비로 벌리고 서서 스탠다드 언더핸드로 덤벨을 잡았는가?
② 양팔을 교대로 들어 올리는가?
③ 팔꿈치가 어깨 뒤로 빠지지 않도록 고정시켰는가?
④ 덤벨을 올릴 때 호흡을 내쉬고 있는가?

1 뉴트럴 그립으로 덤벨을 잡고 손을 아래로 내린 상태에서 시선은 정면을 향하도록 한다.

2 한쪽씩 덤벨을 들어 올린다. 덤벨을 최대한 들어 올리며 손목을 외전하여 이두근을 수축한다. 덤벨을 최대한 들어 올렸을 때 호흡을 내쉬고 천천히 내리면서 호흡을 들이마신다.

평가기준 1번에는 스탠다드 언더핸드 덤벨이라고 나오지만, 시작 자세는 뉴트럴 그립 자세로 올리면서 언더핸드로 전환된다고 생각하세요!

CUEING

동작 중 팔꿈치가 앞뒤로 움직이지 않도록 고정시킨다.

스탠딩 해머 컬(Standing Hammer Curl)

① 두 발을 어깨너비로 벌리고 서서 덤벨을 뉴트럴 그립으로 잡았는가?
② 팔꿈치가 어깨 뒤로 빠지지 않게 고정시켰는가?
③ 덤벨을 올릴 때 호흡을 내쉬고 있는가?

1 뉴트럴 그립으로 덤벨을 잡고 손을 아래로 내린 상태에서 시선은 정면을 향하도록 한다.

2 상완근이 최대한 수축할 수 있도록 양팔을 동시에 굽혀 덤벨을 들어 올린다. 덤벨을 최고점까지 들어 올렸을 때 호흡을 내쉬고 내려오면서 들이마신다.

CUEING

- 동작 중 상체와 팔꿈치가 앞뒤로 움직이지 않도록 고정시킨다.
- 동작 중 양팔이 몸통의 바깥으로 벌어지지 않도록 주의한다.

스탠딩 얼터네이트 해머 컬(Standing Alternate Hammer Curl)

1 뉴트럴 그립으로 덤벨을 잡고 손을 아래로 내린 상태에서 시선은 정면을 향하도록 한다.

2 한쪽 씩 교대로 덤벨을 위로 들어 올리며 상완근을 수축한다. 덤벨을 최대한 들어 올렸을 때 호흡을 내쉬고 천천히 내리면서 호흡을 들이마신다.

CUEING

동작 중 팔꿈치가 앞뒤로 움직이지 않도록 고정시킨다.

덤벨 컨센트레이션 컬(Dumbbell Concentration Curl)

① 벤치에 앉아 뉴트럴 그립으로 덤벨을 잡았는가?
② 덤벨을 잡은 손의 팔꿈치를 대퇴부 안쪽에 고정하였는가?
③ 반대편 손을 대퇴부에 고정시켜 상체를 안정적으로 지지하였는가?
④ 덤벨을 올릴 때 호흡을 내쉬고 있는가?

1 벤치에 앉아 뉴트럴 그립으로 덤벨을 잡고 팔꿈치를 허벅지 안 쪽에 고정 시킨다. 반대쪽 손을 허벅지에 고정시켜 상체를 안정적으로 지지한다.

뉴트럴 그립으로 시작해서
언더그립으로 전환

2 팔을 최대한 굽혀서 덤벨을 들어 올린다. 호흡을 내쉬며 이두근을 수축시키고 내리면서 호흡을 들이마신다.

CUEING

몸 기울이지 않고 팔꿈치를 대퇴부에 정확히 고정시킨다.

🏋️ 스쿼팅 바벨 컬(Squating Barbell Curl)(2급 전문 · 1급 생활만 출제)

① 두 발바닥은 바닥에 잘 고정되어 있는가?
② 팔꿈치는 허벅지 위에 잘 고정되어 있는가?
③ 동작 내내 몸의 균형이 과도하게 흔들리지는 않았는가?
④ 호흡은 바벨을 들어 올릴 때 내쉬었는가?

1 발의 위치와 바벨을 잡은 양손 간격을 어깨너비로 한 스쿼트 자세를 잡고 상체를 곧게 유지한 상태로 언더핸드 그립으로 바벨을 잡는다. 상체에 반동이 생기지 않도록 무릎에 팔꿈치를 대어 고정시킨다.

2 바벨을 들어올리며 근육을 수축시킨다. 내릴 때는 천천히 버티면서 처음 자세로 돌아온다. 호흡은 바벨을 들어올렸을 때 내쉬고 천천히 내리면서 들이마신다.

CUEING

- 어깨와 팔꿈치가 과도하게 움직이지 않도록 고정한다.
- 동작 시 스쿼트 자세와 상체 부분에 반동이 없도록 고정한다.

🤜 스탠딩 바벨 오버헤드 트라이셉스 익스텐션
(Standing Barbell Overhead Triceps Extension)

평가 기준

① 두 발을 어깨너비로 벌리고 서서 몸의 중심을 잡았는가?
② 허리는 곧게 세우며 펴고 있는가?
③ 양손의 간격을 어깨너비보다 좁게 하고 있는가?
④ 바벨을 머리 뒤쪽으로 내리고 있는가?
⑤ 바벨을 잡은 상완이 지면과 수직이 되도록 하는가?
⑥ 호흡은 바벨을 내릴 때 숨을 들이마시고 올릴 때 내뱉고 있는가?

1 내로우 그립으로 바벨을 잡고 서 있는 자세에서 팔이 지면과 수직을 이루도록 바벨을 머리 위로 들어올린 상태에서 시선은 정면을 향한다. 양발을 어깨 너비로 벌리고 서서 몸의 중심을 잡는다.

2 바벨을 머리 뒤편 아래 방향으로 내리고 머리 위로 바벨을 올리면서 삼두근을 수축시킨다. 바벨을 내릴 때 호흡을 들이마시고 올리면서 호흡을 내쉰다.

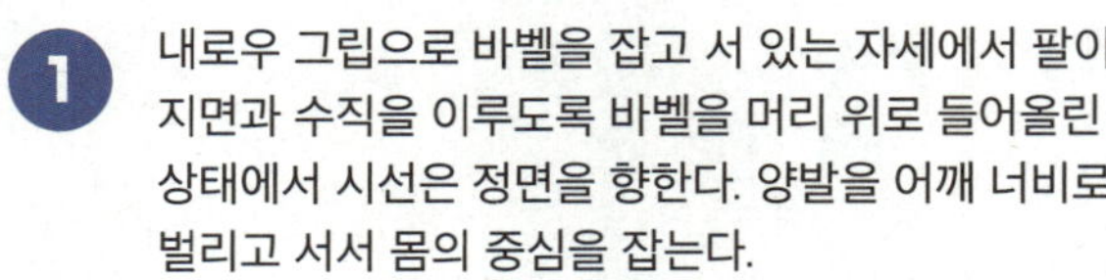

CUEING

• 바벨을 내릴 때 팔꿈치가 양 옆으로 벌어지지 않도록 한다.
• 바벨을 내릴 때 팔꿈치가 앞쪽으로 움직이지 않도록 고정시킨다.

라잉 바벨 트라이셉스 익스텐션 (Lying Barbell Triceps Extension)

<table>
<tr><td>평가
기준</td><td>① 벤치에 누워 가슴은 들고 척추는 정상 만곡을 유지하고 있는가?
② 양손의 간격을 어깨너비보다 좁게 하고 있는가?
③ 바벨을 머리 쪽으로 내리고 있는가?
④ 바벨을 잡은 팔이 지면과 수직이 되도록 하는가?
⑤ 호흡은 바를 내릴 때 들이마시고 올릴 때 내뱉고 있는가?</td></tr>
</table>

1 내로우 그립으로 바벨을 잡고 벤치 위에 눕는다. 양발은 바닥에 고정시키고 머리, 어깨, 엉덩이가 벤치에 닿도록 한다.

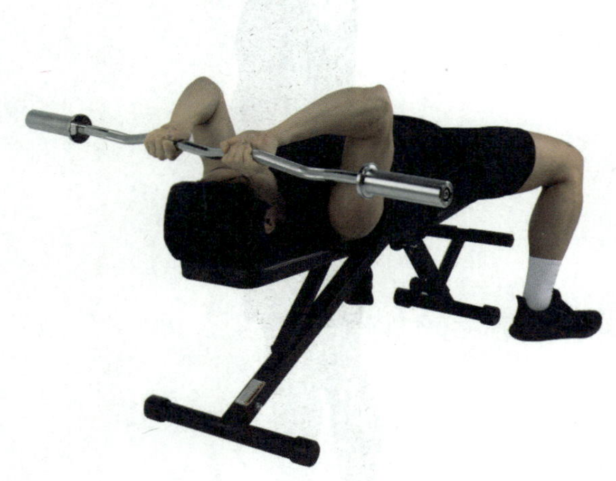

2 바벨을 들어 양팔을 위로 뻗고 바벨을 머리 쪽으로 천천히 내린다. 팔꿈치가 벌어지지 않은 상태로 바벨을 내리고, 바벨을 수직으로 들어 올리며 삼두근을 수축시킨다. 바벨을 내릴 때 호흡을 들이마시고 올리면서 호흡을 내쉰다.

CUEING

바벨을 내릴 때 팔꿈치가 벌어지지 않고 앞뒤로 흔들리지 않도록 한다.

스탠딩 원암 덤벨 오버헤드 트라이셉스 익스텐션
(Standing One arm Dumbbell Overhead Triceps Extension)

1 오버그립으로 덤벨을 잡고 팔이 지면과 수직을 이루도록 머리 위로 들어 올린다. 시선은 정면을 향한다.

2 덤벨을 머리 뒤편 아래 방향으로 내리고 올리면서 삼두근을 수축시킨다. 덤벨을 내리면서 호흡을 들이마시고 올리면서 내쉰다.

덤벨 킥백(Dumbbell Kick Back)

상체를 숙인 후에 전완 부위만의 움직임으로 실시하는 동작으로 상완삼두근 발달에 효과적인 운동이다.

<table>
<tr><td>평가
기준</td><td>① 양손(또는 한손)에 덤벨을 잡고 상체를 45°이상 앞으로 굽혔는가?
② 무릎은 살짝 구부리고 등은 곧게 편 상태를 유지했는가?
③ 덤벨을 잡은 팔은 90도로 굽혔는가?
④ 동작 내내 팔꿈치는 잘 고정되어 있는가?
⑤ 발은 바닥에 밀착시켰는가?(벤치, 맨몸 가능)</td></tr>
</table>

① 한 손을 벤치에 짚은 채 같은 쪽 다리는 무릎을 굽혀 벤치에 올리고, 반대쪽 다리는 바닥에 고정시킨다. 반대쪽 손은 뉴트럴 그립으로 덤벨을 잡는다.

② 팔이 지면과 수평을 이루도록 피면서 삼두근을 수축시킨다. 호흡은 팔을 피면서 내쉬고 천천히 내리면서 들이마신다.

CUEING

팔이 펴진 자세에서 덤벨을 잡은 손이 몸에 멀어지지 않도록 한다.

※ 덤벨 킥백 ! 이렇게 해보는건 어떨까? [각자 생각해보기]
• 벤치가 아닌 허벅지에 손을 지탱하여 시도해보는건 어떨까?

💪 벤치 딥스(Bench Dip)

벤치에 팔을 지탱한 후 상체를 내리고 위로 올리는 동작으로 상완 삼두근을 발달시키는데 효과적이다.

① 벤치에 앉아 두 손을 몸 양 옆에 잘 고정 하였는가?
② 팔꿈치는 과도하게 벌어지지 않으면서 90도 이상 구부렸다 폈는가?
③ 팔꿈치를 과도하게 펴지는(꺾이지는) 않았는가?
④ 어깨가 과도하게 내려가지는 않았는가?
⑤ 호흡은 팔꿈치를 굽히면서 들이마시고, 편 후에 내쉬었는가?

1 벤치에 가로로 앉아 양손으로 엉덩이 양 옆의 벤치 모서리를 잡는다. 상체를 곧게 세우고 다리를 펴 양발을 몸에서 먼 곳에 위치시킨다.

2 팔꿈치가 90도가 되는 지점까지 내려가고 팔을 피면서 삼두근을 수축시킨다. 호흡은 내리면서 들이마시고 올라가면서 내쉰다.

CUEING

내려갈 때 팔꿈치가 바깥으로 벌어지지 않도록 집중한다.

💡 ※ 벤치 딥스 ! 이렇게 해보는건 어떨까? [각자 생각해보기]
- 맨몸으로 하는게 자유로우면 덤벨이나 원판을 다리 위에 올리고 해보는건 어떨까?

🦾 바벨 리스트 컬(Barbell Wrist Curl)

평가 기준

① 벤치에 앉아서 대퇴부에 전완부를 위치했는가? 또는 벤치에 전완부를 위치했는가?
② 언더그립으로 바벨을 잡았는가?
③ 운동 중 전완부가 움직이지 않도록 고정되어 있는가?
④ 호흡은 손목을 올릴 때 내쉬고, 손목을 내리면서 들이쉬는가?

1 벤치에 앉아서 언더그립으로 바벨을 잡고 안정적인 손목의 움직임을 위해 대퇴부 또는 벤치 위에 전완부를 위치시킨다.

2 손목의 가동성이 허락하는 범위까지 바를 위로 올리면서 전완을 수축시킨다. 이후 내렸다가 올리는 것을 반복한다. 호흡은 손목을 올릴 때 내쉬고 내리면서 들이마신다.

바벨 리버스 리스트 컬(Barbell Reverse Wrist Curl)

① 벤치에 앉아서 대퇴부에 전완부를 위치했는가? 또는 벤치에 전완부를 위치했는가?
② 오버그립으로 바벨을 잡았는가?
③ 운동 중 전완부가 움직이지 않도록 고정되어 있는가?
④ 호흡은 손목을 올릴 때 내쉬고, 손목을 내리면서 들이쉬는가?

1 벤치에 앉아서 오버그립으로 바벨을 잡고 안정적인 손목의 움직임을 위해 대퇴부 또는 벤치 위에 전완부를 위치시킨다.

2 손목의 가동성이 허락하는 범위까지 바를 위로 올리면서 전완을 수축시킨다. 이후 내렸다가 올리는 것을 반복한다. 호흡은 손목을 올릴 때 내쉬고 내리면서 들이마신다.

덤벨 리스트 컬(Dumbbell Wrist Curl)

① 벤치에 앉아서 대퇴부에 전완부를 위치했는가? 또는 벤치에 전완부를 위치했는가?
② 언더그립으로 덤벨을 잡았는가?
③ 운동 중 전완부가 움직이지 않도록 고정되어 있는가?
④ 호흡은 손목을 올릴 때 내쉬고, 손목을 내리면서 들이쉬는가?

1 벤치에 앉아서 언더그립으로 덤벨을 잡고 안정적인 손목의 움직임을 위해 대퇴부 또는 벤치 위에 전완부를 위치시킨다.

2 손목의 가동성이 허락하는 범위까지 덤벨을 위로 말아 올리면서 전완을 수축시킨다. 이후 내리고 올리는 것을 반복한다. 호흡은 손목을 올리면서 내쉬고 내리면서 들이마신다.

덤벨 리버스 리스트 컬(Dumbbell Reverse Wrist Curl)

평가 기준

① 벤치에 앉아서 대퇴부에 전완부를 위치했는가? 또는 벤치에 전완부를 위치했는가?
② 오버그립으로 덤벨을 잡았는가?
③ 운동 중 전완부가 움직이지 않도록 고정되어 있는가
④ 호흡은 손목을 올릴 때 내쉬고, 손목을 내리면서 들이쉬는가?

1 벤치에 앉아서 오버그립으로 덤벨을 잡고 안정적인 손목의 움직임을 위해 대퇴부 또는 벤치 위에 전완부를 위치시킨다.

2 손목의 가동성이 허락하는 범위까지 덤벨을 위로 올리면서 전완을 수축시킨다. 이후 내리고 올리는 것을 반복한다. 호흡은 손목을 올리면서 내쉬고 내리면서 들이마신다.

실기동작

CHAPTER 04.

등

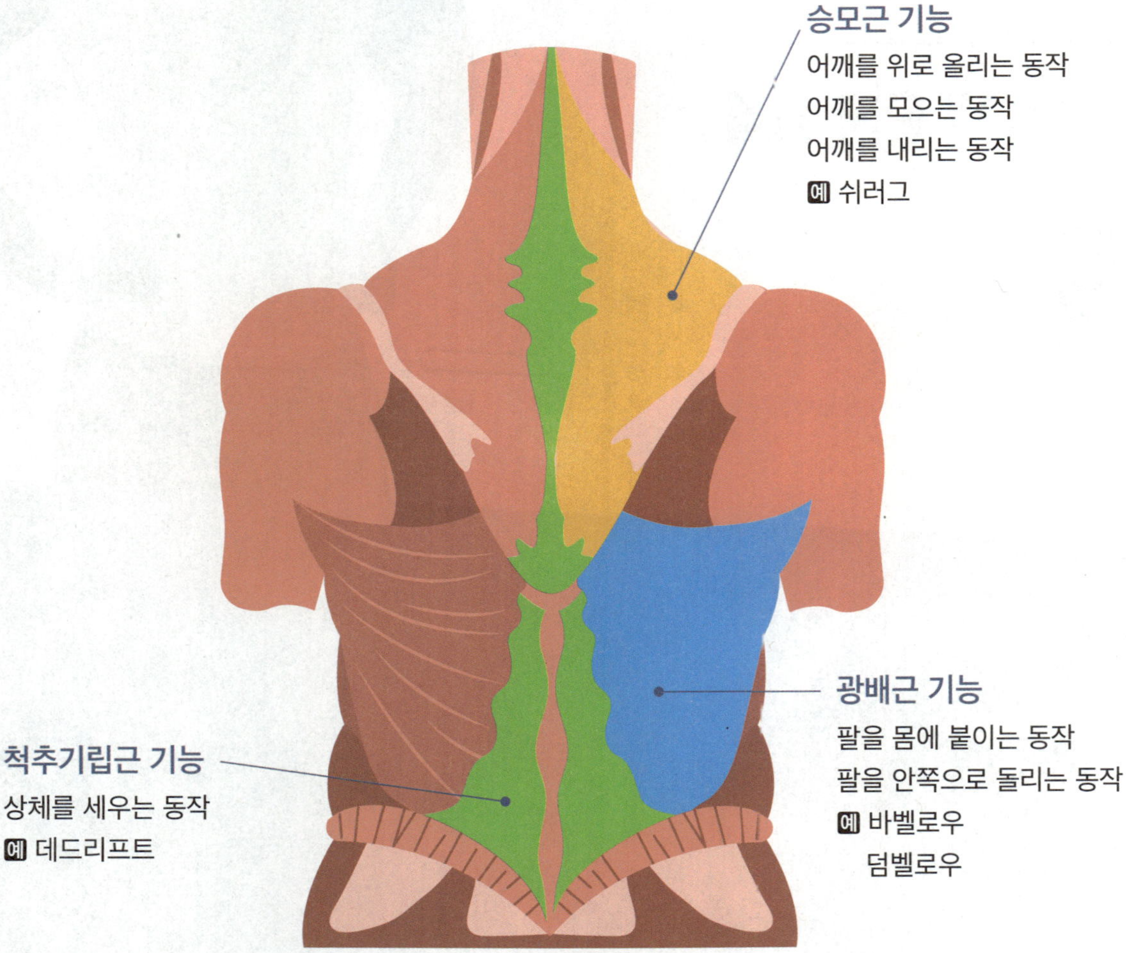

승모근 기능

어깨를 위로 올리는 동작
어깨를 모으는 동작
어깨를 내리는 동작
예 쉬러그

광배근 기능

팔을 몸에 붙이는 동작
팔을 안쪽으로 돌리는 동작
예 바벨로우
   덤벨로우

척추기립근 기능

상체를 세우는 동작
예 데드리프트

등 종목 체크리스트

	1차	2차	3차	시험 전
1. 벤트오버 바벨 로우	☐	☐	☐	☐
2. 언더그립 바벨 로우	☐	☐	☐	☐
3. 벤트오버 원암 덤벨 로우	☐	☐	☐	☐
4. 뉴트럴그립 투암 덤벨 로우	☐	☐	☐	☐
5. 컨벤셔널 데드리프트	☐	☐	☐	☐
6. 루마니안 데드리프트	☐	☐	☐	☐
7. 바벨 굿모닝 엑서사이즈	☐	☐	☐	☐
8. 덤벨 쉬러그	☐	☐	☐	☐
9. 바벨 쉬러그	☐	☐	☐	☐

1	벤트오버 바벨 로우		
2	언더그립 바벨 로우		
3	벤트오버 원암 덤벨 로우		
4	뉴트럴그립 투암 덤벨 로우		
5	컨벤셔널 데드리프트		
6	루마니안 데드리프트		

7	바벨 굿모닝 엑서사이즈		
8	덤벨 쉬러그		
9	바벨 쉬러그		

상체를 앞으로 굽힌 상태에서 덤벨 또는 바벨을 잡고 팔꿈치를 몸통 가까이 들어 올리는 동작으로 광배근을 발달시킬 수 있는 대표적인 운동이다.

👊 벤트오버 바벨 로우(Bent Over Barbell Row)

평가 기준	① 두 발을 어깨너비로 벌리고 스탠다드 오버핸드 그립으로 바벨을 잡았는가? ② 상체는 수평보다 약간 높은 각도를 유지하는가? ③ 수축 시 견갑골이 서로 가까워지도록 어깨를 후방으로 모았는가? ④ 바벨을 당김과 동시에 상체를 세우지 않도록 주의했는가? ⑤ 허리는 곧게 펴져 있는가? ⑥ 바벨이 하복부에 닿을 만큼 당겼을 때 호흡을 내쉬는가?

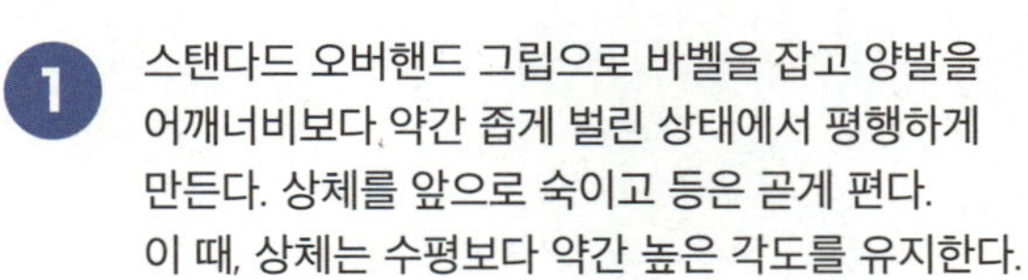

1 스탠다드 오버핸드 그립으로 바벨을 잡고 양발을 어깨너비보다 약간 좁게 벌린 상태에서 평행하게 만든다. 상체를 앞으로 숙이고 등은 곧게 편다. 이 때, 상체는 수평보다 약간 높은 각도를 유지한다.

2 바벨을 하복부 쪽으로 당길 때 견갑골이 서로 가까워지도록 어깨를 후방으로 모은다는 느낌으로 광배근을 수축시킨다. 바벨을 하복부 닿았을 만큼 당겼을 때 호흡을 내쉬고 아래로 내리면서 들이마신다.

CUEING
- 바벨을 당길 때 상체가 세워지지 않도록 주의한다.
- 엉덩이를 심하게 뒤로 빼지 않도록 한다.

언더그립 바벨 로우(Under Grip Barbell Row)

① 두 발을 어깨너비로 벌리고 스탠다드 언더그립으로 바벨을 잡았는가?
② 상체는 수평보다 약간 높은 각도를 유지했는가?
③ 수축 시 견갑골이 서로 가까워지도록 어깨를 후방으로 모았는가?
④ 허리는 곧게 펴져 있는가?
⑤ 바벨이 하복부에 닿을 만큼 당겼을 때 호흡을 내쉬는가?

1 스탠다드 언더핸드 그립으로 바벨을 잡고 양발을 어깨너비보다 약간 좁게 벌린 상태에서 평행하게 만든다. 상체를 앞으로 숙이고 등은 곧게 편다. 이 때, 상체는 수평보다 약간 높은 각도를 유지한다.

2 바벨을 하복부 쪽으로 당길 때 견갑골이 서로 가까워지도록 어깨를 후방으로 모은다는 느낌으로 광배근을 수축시킨다. 바벨을 하복부 닿았을 만큼 당겼을 때 호흡을 내쉬고 아래로 내리면서 들이마신다.

CUEING

- 바벨을 당길 때 상체가 세워지지 않도록 주의한다.
- 바벨을 당길 때 손목을 굽히지 않고 펴서 올린다.

벤트오버 원암 덤벨 로우(Bent Over One arm Dumbbell Row)

<table>
<tr><td>평가
기준</td><td>① 벤치옆에 서서 한쪽 무릎과 손을 벤치 위에 올렸는가?
② 다른 한 손은 뉴트럴 그립으로 덤벨을 잡았는가?
③ 덤벨을 옆구리 쪽으로 끌어 올리듯 들어 올렸는가?
④ 손목은 구부리지 않고 편 상태를 유지했는가?
⑤ 척추는 중립 자세를 유지했는가?</td></tr>
</table>

1 한 손을 벤치에 짚은 채 같은 쪽 다리는 무릎을 굽혀 벤치에 올리고 반대쪽 다리는 바닥에 고정시킨다. 반대쪽 손은 뉴트럴 그립으로 덤벨을 잡는다.

2 덤벨을 몸통의 옆구리 쪽으로 당기면서 광배근을 수축시킨다. 덤벨을 당기면서 호흡을 내쉬고 내리면서 들이마신다.

CUEING

- 덤벨을 들어올릴 때 팔을 과하게 올려 몸통이 회전하지 않도록 한다.
- 손목을 구부리지 않고 편 상태로 덤벨을 잡는다.

뉴트럴 그립 투암 덤벨 로우
(Neutral Grip Two arms Dumbbell Row)

① 두 발을 어깨너비로 벌리고 무릎을 살짝 굽힌 상태에서 상체를 45°-60° 정도 숙였는가?
② 양 손에 덤벨을 뉴트럴 그립으로 잡고 옆구리 쪽으로 당겼는가?
③ 손목은 구부리지 않고 편 상태를 유지했는가?
④ 머리, 몸통, 손, 발의 위치 무릎 각도를 유지했는가?

1 양손에 덤벨을 뉴트럴 그립으로 잡는다. 상체를 숙인 다음 어깨를 고정시키고 시선을 정면을 바라본다.

2 상체의 반동을 이용하지 않고 덤벨을 위로 당기면서 등 근육을 수축시킨다. 바벨보다 가동범위를 더 많이 가져갈 수 있어 본인이 원하는 가동범위를 찾아 수행한다. 덤벨을 당기면서 호흡을 내쉬고 내리면서 호흡을 들이마신다.

CUEING

- 동작 시 손목을 구부리지 않고 편 상태를 유지하도록 한다.
- 머리, 몸통, 손, 발의 위치, 무릎 각도를 유지하도록 한다.

02 데드리프트(Deadlift)

데드리프트는 자신의 근육 부하 목표를 어떻게 정하는지에 따라 형태가 달라진다. 컨벤셔널 데드리프트는 평가 종목 구분에 등으로 분류되어 있으나 전신 운동 또는 후면사슬 운동으로 보는게 더 적합하다.

💪 컨벤셔널 데드리프트(Conventional Deadlift)

평가 기준	① 바를 어깨너비 혹은 약간 넓게 잡고 있는가? ② 바벨을 바닥에 완전히 내렸다가 올렸는가? ③ 운동하는 동안 등이 굽지 않도록 곧게 편 자세를 유지하는가? ④ 올리는 동작 시 바벨이 대퇴부에 가까이 위치하여 올려지는가? ⑤ 바벨을 들어올렸을 때 허리와 등을 과신전하지 않도록 주의했는가?

1 발의 간격은 어깨너비로 벌리고 스탠다드 오버핸드 그립으로 바벨을 잡는다. 등을 펴고 엉덩이를 낮춰서 들어 올릴 준비를 한다.

2 바벨을 대퇴부에 가까이 위치하고 허리와 등은 곧게 편 자세를 유지하며 바벨을 들어 올린다. 바벨을 들어 올린 상태에서 호흡을 내쉬고 내리면서 호흡을 들이마신다.

CUEING

- 바벨과 허벅지와의 간격이 멀어지지 않도록 한다.
- 바벨을 들어 올렸을 때 허리와 등을 과신전하지 않도록 한다.

🦾 루마니안 데드리프트(Romanian Deadlift)

① 두 발은 어깨 넓이로 벌리고 있는가?
② 바를 어깨너비 혹은 약간 넓게 잡고 있는가?
③ 바벨을 무릎을 살짝 지나는 지점까지만 내렸다가 올렸는가?
④ 동작 내내 바벨이 대퇴부에 가까이에 위치 하는가?
⑤ 운동하는 동안 척추 중립 자세를 유지 했는가?
⑥ 내리는 동작에서 무릎이 고정되어 있는가?
⑦ 상체를 후방으로 과신전하지 않도록 주의했는가?

1 스탠다드 오버핸드 그립으로 바벨을 잡고 양발을 어깨너비보다 약간 좁게 벌린 상태에서 평행하게 선다. 이 때 시선은 전면을 향한다.

2 바벨이 다리에 멀어지지 않도록 유지하며 무릎을 살짝 지나는 지점까지만 내렸다가 다시 들어올리면서 등 전체에 자극을 준다. 바벨을 들어 올렸을 때 호흡을 내쉬고 내리면서 들이마신다.

CUEING

- 바벨을 들어 올릴 때 상체를 후방으로 과신전하지 않도록 한다.
- 바벨을 내릴 때도 시선은 전면을 향하도록 한다.

아침 인사하듯이 동작을 수행하기에 붙여진 이름으로 둔근과 척주 기립근을 강화시키는 대표적인 운동이다.

평가 기준

① 양발은 내로우 스탠스로 평행하게 위치시켰는가?
② 바벨을 승모근에 올리고 있는가?
③ 척추는 중립 자세를 유지했는가?
④ 시선은 전방을 주시하는가?
⑤ 올라올 때 호흡을 내쉬고 있는가?

1 바벨을 승모근 상부에 얹고 시선은 정면을 향한다. 양발은 내로우 스탠스로 평행하게 위치시킨다.

2 상체를 앞으로 숙이는데 유연성에 맞춰 무릎은 적당히 굽힌다. 허리와 등을 곧게 편 상태를 유지하면서 등이 지면과 수평이 되도록 숙인다. 올라올 때 호흡을 내쉬고 내릴 때 호흡을 들이마신다.

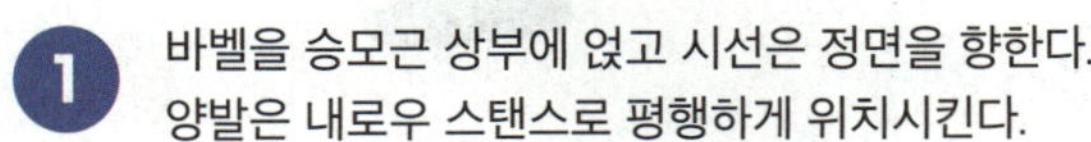

CUEING

허리와 무릎이 굽혀지지 않도록 한다.

※ 굿모닝 엑서사이즈! 이렇게 해보는건 어떨까? (각자 생각해보기)
- 바벨 말고 원판을 사용하는건 어떨까?

덤벨 또는 바벨을 들고 머리와 허리를 곧게 편 자세에서 어깨를 위로 들어올리는 동작으로 승모근 발달에 대표적인 운동이다.

덤벨 쉬러그(Dumbbell Shrug)

평가 기준
① 어깨너비로(어깨너비보다 약간 좁게) 서서 양손에 덤벨을 들고 있는가?
② 등을 곧게 펴고 있는가?
③ 천천히 어깨를 끌어올리고 내리는가?

1 양손에 뉴트럴 그립으로 덤벨을 잡는다. 양발을 어깨너비보다 약간 좁게 벌린 상태로 잡고 시선은 정면을 향한다.

2 어깨를 위쪽으로 움츠리듯이 올리며 승모근을 수축시킨다. 어깨를 올리면서 호흡을 내쉬고 내리면서 호흡을 들이마신다.

CUEING
- 몸에 반동을 최소화하여 동작을 수행한다.
- 손목과 팔꿈치가 고정되어 있는 상태로 동작을 수행한다.

바벨 슈러그(Barbell Shrug)

① 어깨너비로(어깨너비보다 약간 좁게) 서서 바벨을 어깨너비 스탠다드 그립으로 잡았는가?
② 등을 곧게 펴고 있는가?
③ 천천히 어깨를 끌어올리고 내렸는가?

1 스탠다드 오버핸드 그립으로 바벨을 잡는다. 양발을 어깨너비보다 약간 좁게 벌린 상태로 잡고 시선은 정면을 향한다.

2 어깨를 위쪽으로 움츠리듯이 올리며 승모근을 수축시킨다. 어깨를 올리면서 호흡을 내쉬고 내리면서 호흡을 들이마신다.

CUEING

- 몸에 반동을 최소화하여 동작을 수행한다.
- 손목과 팔꿈치가 고정되어 있는 상태로 동작을 수행한다.

설기동작

CHAPTER 05.
어깨

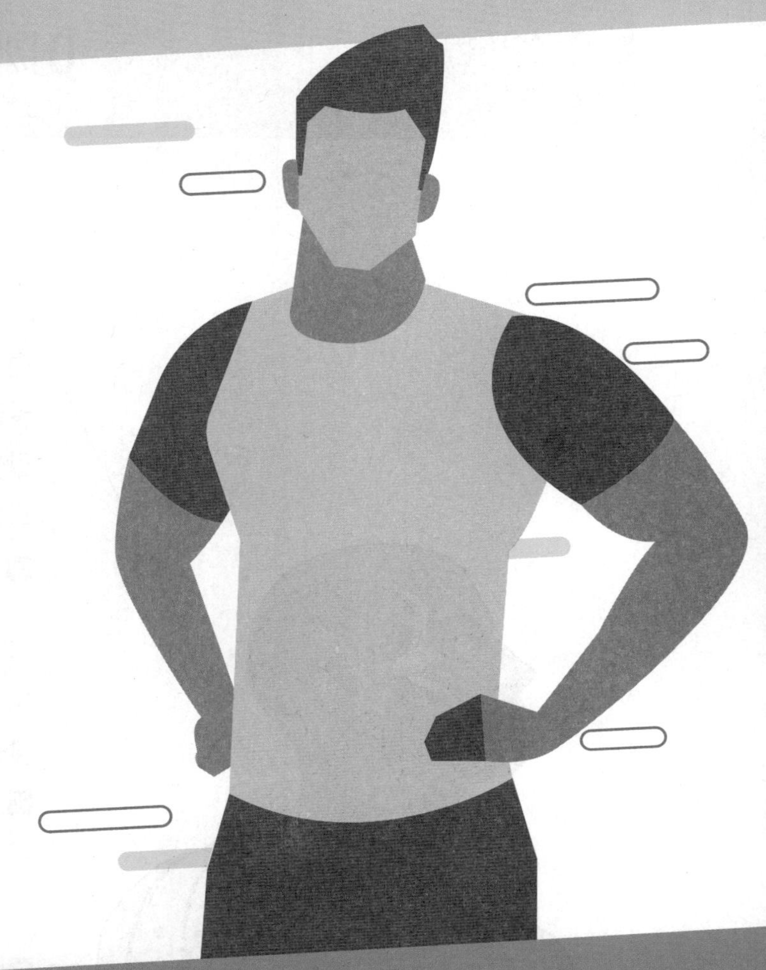

어깨

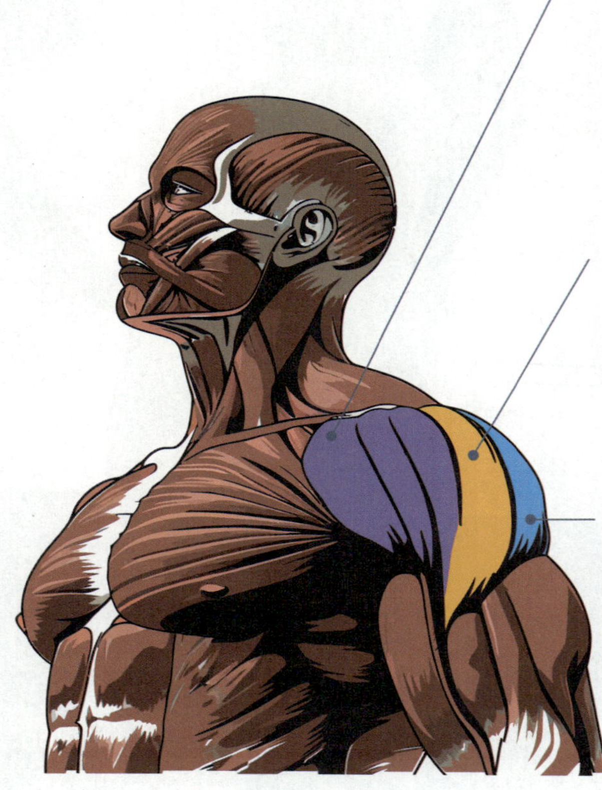

전면삼각근 기능

팔을 앞쪽으로 들어올리는 동작

팔을 안쪽으로 미는 동작

팔을 위로 미는 동작

예 숄더 프레스

　프런트 레이즈

측면삼각근 기능

팔을 옆으로 벌리는 동작

예 덤벨 레터럴 레이즈

　업라이트 로우

후면삼각근 기능

위팔을 뒤로 보내는 동작

위팔을 수평으로 등 쪽으로 당기는 동작

예 벤트오버 레터럴 레이즈

어깨 종목 체크리스트

	1차	2차	3차	시험 전
1. 스탠딩 밀리터리 프레스(바벨 오버헤드 프레스)	☐	☐	☐	☐
2. 스탠딩 덤벨 숄더 프레스	☐	☐	☐	☐
3. 스탠딩 비하인드 넥프레스	☐	☐	☐	☐
4. 스탠딩 바벨 프런트 레이즈	☐	☐	☐	☐
5. 스탠딩 덤벨 프런트 레이즈	☐	☐	☐	☐
6. 덤벨 벤트오버 레터럴 레이즈	☐	☐	☐	☐
7. 바벨 업라이트 로우	☐	☐	☐	☐

1	스탠딩 밀리터리 프레스		
2	스탠딩 덤벨 숄더 프레스		
3	스탠딩 비하인드 넥프레스		
4	스탠딩 바벨 프런트 레이즈		

5	스탠딩 덤벨 프런트 레이즈		
6	덤벨 벤트오버 레터럴 레이즈		
7	바벨 업라이트 로우		

스탠딩 밀리터리 프레스(Standing Military press)
(바벨 오버헤드 프레스(Barbell Overhead Press))

삼각근의 전면과 측면을 중점으로 어깨 전체에 자극을 주기 좋은 대표적인 동작이다.

<table>
<tr><td rowspan="5">평가
기준</td><td>① 양 발을 어깨너비로 벌리고 서서 바벨을 어깨너비(또는 그보다 약간 넓게 잡았는가?</td></tr>
<tr><td>② 코어에 힘을 주고 균형을 잘 잡았는가?</td></tr>
<tr><td>③ 바벨은 수평을 유지하며 머리 위로 밀어 올렸는가?</td></tr>
<tr><td>④ 동작 내내 얼굴 가까이 바닥과 수직으로 들어 올렸는가?</td></tr>
<tr><td>⑤ 호흡은 바를 올렸을 때 내쉬고 들이 마시며 내렸는가?</td></tr>
</table>

1 양발을 어깨너비만큼 벌리고 바벨을 어깨너비 또는 그보다 약간 넓은 간격으로 바벨을 잡는다. 바벨을 머리 위로 들고 시선은 전면을 향한다.

2 양팔이 옆으로 벌어지지 않게 유지한 상태에서 바벨을 쇄골 부위까지 천천히 내린다. 머리 위로 들어 올리며 삼각근을 수축시킨다. 바벨을 내리면서 호흡을 들이마시고 올리면서 내쉰다.

CUEING

- 바벨이 수평을 유지할 수 있도록 집중한다.
- 동작 중 팔꿈치가 옆으로 벌어지지 않도록 한다.

스탠딩 덤벨 숄더 프레스
(Standing Dumbbell Shoulder Press)

**평가
기준**

① 어깨너비로 서서 양손에 덤벨을 들고 중심을 잡았는가?
② 동작 내내 덤벨이 균형있게 움직였는가?
③ 허리를 과도하게 뒤로 젖히지는 않았는가?

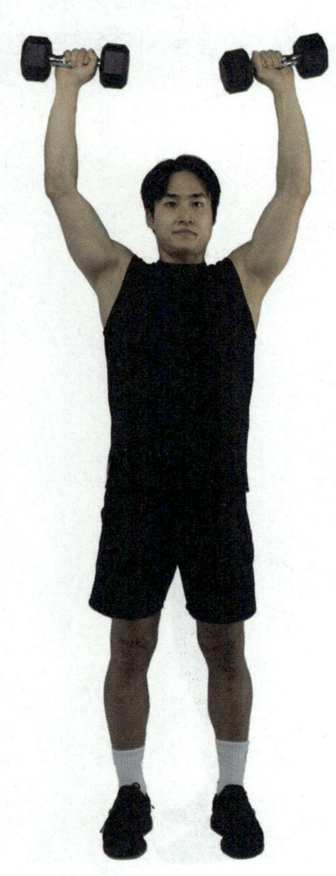

1 양손에 덤벨을 오버그립으로 잡고 덤벨이 어깨 높이에 위치하도록 들어 올린다. 시선은 전면을 향한다.

2 덤벨을 머리 위로 밀어 올리면서 삼각근을 수축시킨다. 덤벨을 내리면서 호흡을 들이마시고 올리면서 내쉰다.

CUEING

덤벨을 올릴 때 양 옆으로 벌어지거나 너무 좁아지지 않게 한다.

03 스탠딩 비하인드 넥프레스
(Standing Behind Neck Press)

머리와 허리를 곧게 편 자세로 바벨을 머리 뒤로 내렸다가 밀어 올리는 동작으로 어깨 전체에 자극을 준다.

평가 기준	① 어깨너비보다 넓은 간격으로 바벨을 잡았는가?
	② 바벨을 내릴 때 귓불의 위치까지 내렸는가?
	③ 머리를 과도하게 숙이지 않았는가?
	④ 머리 뒤쪽 가까이 바닥과 수직으로 들어 올렸는가?
	⑤ 운동 시 주동근의 긴장을 유지했는가?

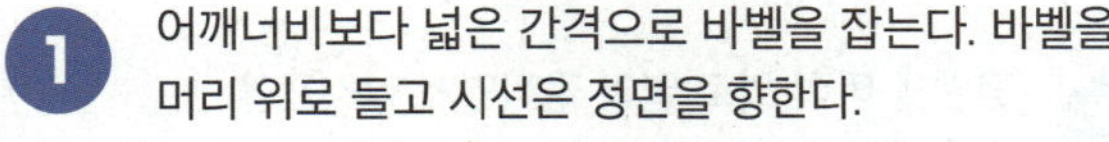

1 어깨너비보다 넓은 간격으로 바벨을 잡는다. 바벨을 머리 위로 들고 시선은 정면을 향한다.

2 바벨을 머리 뒤로 내린다. 내릴 때 귓불의 위치까지 내린다. 다시 머리 위로 들어 올리면서 삼각근을 수축시킨다. 바벨을 내리면서 호흡을 들이마시고 올리면서 내쉰다.

CUEING

- 바벨을 내릴 때 머리를 과도하게 숙이지 않도록 한다.
- 동작 중 반동을 사용하지 않도록 한다.

프런트 레이즈 (Front Raise)

바벨 또는 덤벨 또는 허벅지 앞쪽에 위치시키고 머리와 허리를 곧게 유지한 상태에서 무게를 들어 올리는 동작으로 전면 삼각근 발달에 효과적인 운동이다.

🦾 스탠딩 바벨 프런트 레이즈(Standing Barbell Front Raise)

평가 기준
① 어깨너비(또는 약간 좁게)로 서서 바벨을 양 손으로 오버핸드(손등이 앞)그립으로 잡았는가?
② 어깨보다(또는 약간 높게)까지 팔을 들어 올렸는가?
③ 허리를 과도하게 뒤로 젖히지는 않았는가?
④ 호흡은 올릴 때 내쉬고 내리며 들이 마시는가?

1 오버 그립으로 바벨을 잡고 양발은 골반 너비로 벌리고 시선은 전면을 향하도록 한다. 팔을 아래로 내리고 바벨을 잡은 양손은 대퇴부 전면에 위치시킨다.

2 바벨이 몸통에서 멀어지는 전면 방향으로 눈높이까지 들어 올리면서 전면 삼각근을 수축시킨다. 저항을 느끼며 천천히 바벨을 내리면서 호흡을 들이마시고 올리면서 내쉰다.

CUEING
- 바벨을 들어 올릴 때 손목이 회전하지 않도록 한다.
- 바벨을 어깨보다 약간 높은 위치(눈높이)까지 들어 올린다.

스탠딩 덤벨 프런트 레이즈(Standing Dumbbell Front Raise)

① 두 발은 어깨너비(또는 약간 좁게)로 서서 양 손에 덤벨을 잡았는가?
② 위로 올리는 동작 시 상체를 곧게 펴고 시선은 정면을 유지했는가?
③ 어깨높이(또는 약간 높게)까지 팔을 들어 올렸는가?
④ 동작 내내 양 손의 덤벨이 균형 있게 움직였는가?
⑤ 호흡은 올릴 때 내쉬고 내리며 들이 마시는가?

1 오버 그립으로 덤벨을 잡고 양발은 골반 너비로 벌리고 시선은 전면을 향하도록 한다. 팔을 아래로 내리고 덤벨을 잡은 양손은 대퇴부 전면에 위치시킨다.

2 덤벨이 몸통에서 멀어지는 전면 방향으로 눈높이까지 들어 올리면서 전면 삼각근을 수축시킨다. 저항을 느끼며 천천히 덤벨을 내리면서 호흡을 들이마시고 올리면서 내쉰다.

CUEING

- 덤벨을 들어 올릴 때 손목이 회전하지 않도록 한다.

※ 프런트 레이즈! 이렇게 해보는건 어떨까? [각자 생각해보기]
- 덤벨을 이용할 때 한손씩 해보는건 어떨까?
- 덤벨 및 바벨 말고 원판으로 해보는건 어떨까?

덤벨 벤트오버 레터럴 레이즈
(Dumbbell Bent Over Lateral Raise)

머리와 허리를 곧게 유지하며 상체가 지면과 수평이 되도록 앞으로 구부린 후 덤벨을 양옆으로 들어 올리는 동작으로 후면 삼각근을 발달시키는 대표적인 운동이다.

평가 기준

① 양발은 어깨너비보다 약간 좁게 벌린 상태에서 무릎은 살짝 굽혔는가?
② 양 손에 덤벨을 잡고 상체를 수평(또는 약간 높은 각도)에서 시작하는가?
③ 팔꿈치는 약간 굽힌 상태를 유지하는가?
④ 동작내내 과한 반동없이 자세가 균형있게 유지되는가?

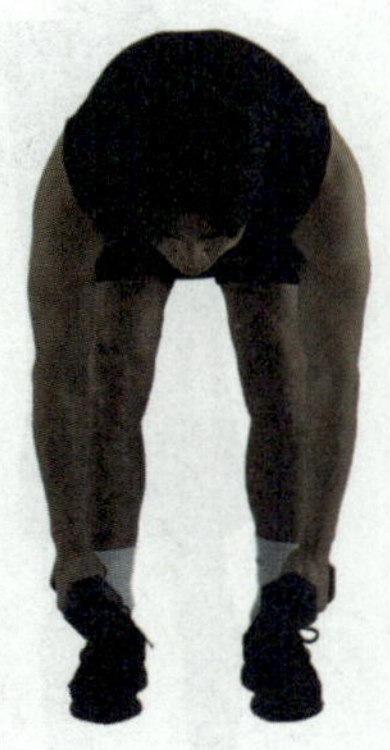

1 양손에 뉴트럴 그립으로 덤벨을 잡고, 양발을 어깨너비보다 약간 좁게 벌린 상태에서 평행하게 만든다. 상체를 앞으로 숙이고 등을 곱게 편다. 상체는 수평보다 약간 높은 각도를 유지한다.

2 덤벨을 몸통에서 멀어지는 측면 방향으로 들어 올리면서 후면 삼각근을 수축시킨다. 저항을 느끼며 천천히 덤벨을 내리면서 호흡을 들이마시고 올리면서 내쉰다.

CUEING

• 덤벨을 들어 올릴 때 손목이 회전하지 않도록 한다.
• 동작 시 반동을 이용하지 않도록 한다.

※ 벤트오버 레터럴 레이즈! 이렇게 해보는건 어떨까? (각자 생각해보기)
• 벤치의 각도를 60~70도로 해서 머리를 기대서 해보는건 어떨까?
• 덤벨이 아니라 밴드나 케이블을 이용해서 해보는건 어떨까?

바벨 업라이트 로우
(Barbell Upright Row)

바벨 또는 덤벨을 허벅지 앞쪽에 위치시키고 머리와 허리를 곧게 유지한 상태에서 양쪽 팔꿈치를 바깥쪽으로 향하게 하여 위로 드는 동작이다. 전면 및 측면삼각근 발달에 효과적인 운동이다.

평가 기준

① 두 발은 어깨너비(또는 약간 좁게)로 서서 바벨을 오버헌드 그립으로 잡았는가?
② 바벨을 들어 올렸을 때 팔꿈치는 손보다 항상 위에 위치하는가?
③ 바벨을 가슴 중앙이나 쇄골 높이까지 들어 올렸는가?
④ 동작내내 등을 곧게 펴고 있는가?
⑤ 호흡은 올릴 때 내쉬고 내리며 들이 마시는가?

1 양손을 어깨너비 간격으로 벌린 후 오버 그립으로 바벨을 잡는다. 바벨을 들어올린 후 대퇴부에 위치시키고 시선은 전면을 향하도록 한다.

2 바벨을 쇄골 높이까지 수직으로 들어 올리면서 삼각근을 수축시킨다. 이 때 팔꿈치는 어깨 높이까지 들어 올린다. 바벨을 올리면서 호흡을 내쉬고 내리면서 들이마신다.

CUEING

- 바벨을 올릴 때 손이 팔꿈치보다 높이 올라가지 않도록 한다.
- 팔꿈치가 몸통에서 과도하게 멀어지지 않게 한다.

※ 업라이트 로우! 이렇게 해보는건 어떨까? [각자 생각해보기]

- 덤벨로 실시 해보는건 어떨까?
- 벤치에 앉아서 해보는건 어떨까?

10가지 종목 규정포즈

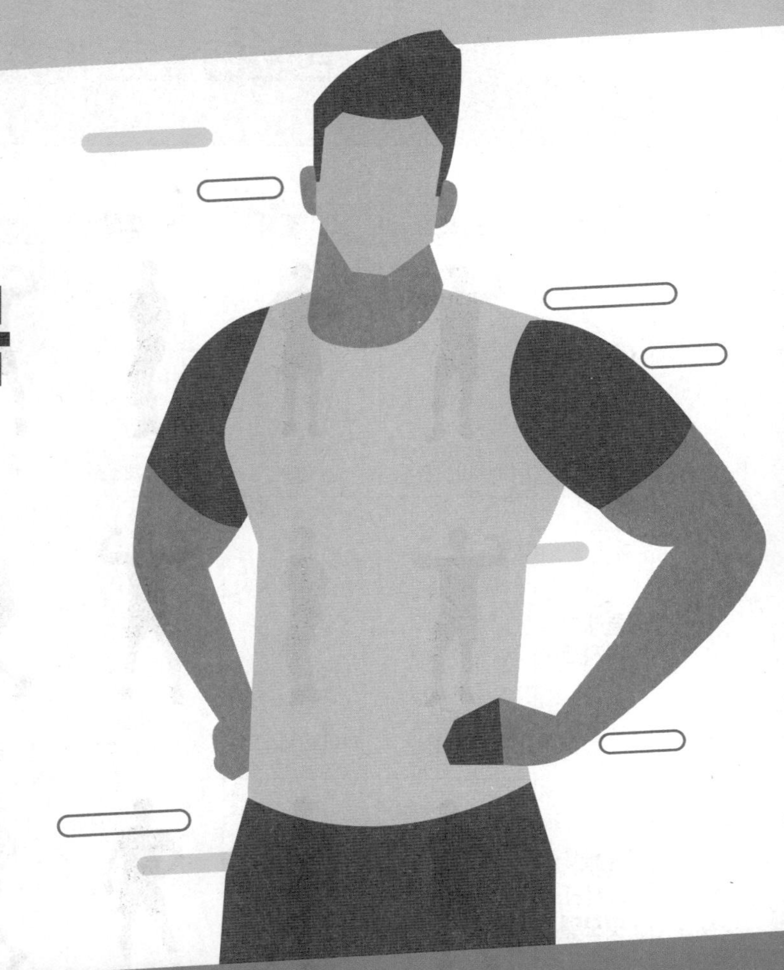

TIP!

포징 시 자신감 있는 표정과 살짝 미소를 띄는
연습을 실시합니다. 힘을 주느라 찡그리지 않기!
→ 거울 또는 동영상 촬영으로 꾸준히 연습할 것

한눈에 보는 10가지 종목 포징

종목	1번 포징	2번 포징	3번 포징	4번 포징	5번 포징	6번 포징	7번 포징
(클래식) 보디빌딩	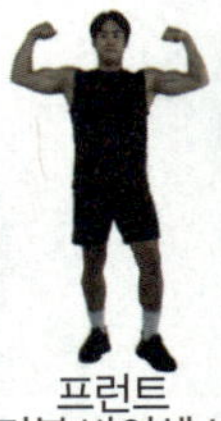 프런트 더블 바이셉스	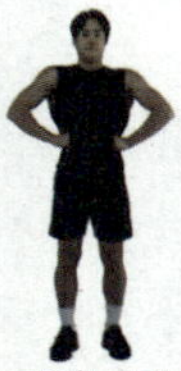 프런트 랫 스프레드	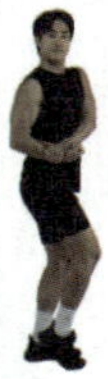 사이드 체스트	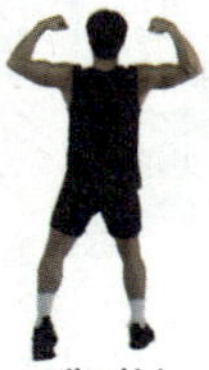 백 더블 바이셉스	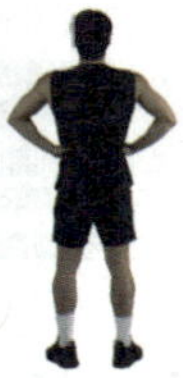 백 랫 스프레드	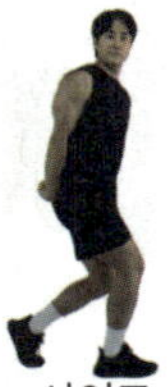 사이드 트라이셉스	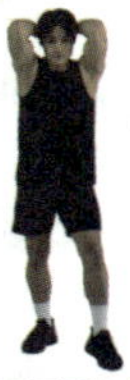 업도미널 앤 타이
클래식 피지크	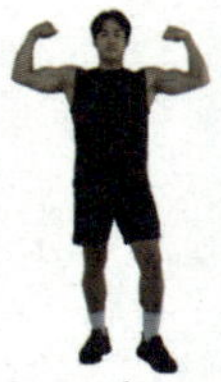 프런트 더블 바이셉스	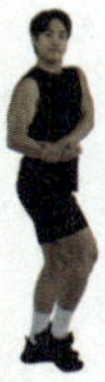 사이드 체스트	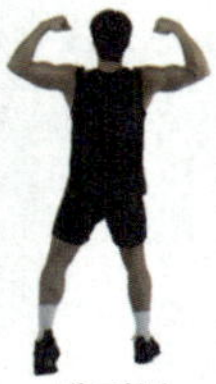 백 더블 바이셉스	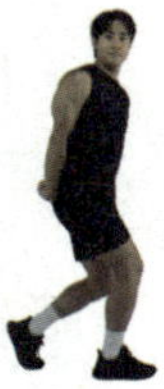 사이드 트라이셉스	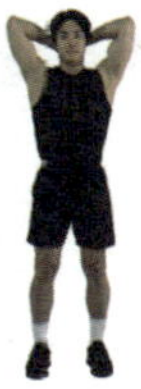 베큠 포즈	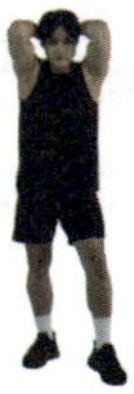 업도미널 앤 타이	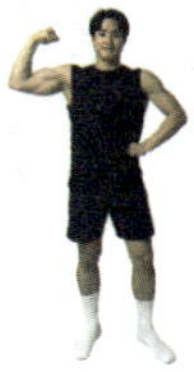 클래식 포즈 오브 애슬렛티스 초이스
남자 피지크, 핏모델	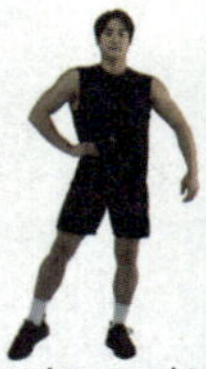 프런트 포지션	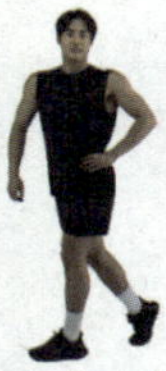 쿼터 턴 라이트	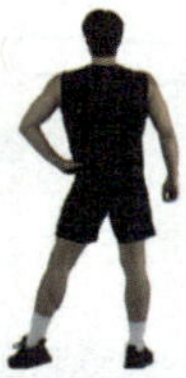 쿼터 턴 백	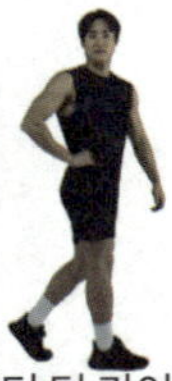 쿼터 턴 라이트			
여자 피지크	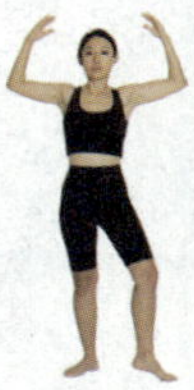 프런트 더블 바이셉스	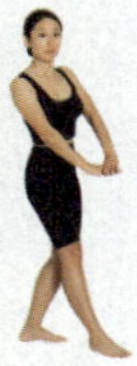 사이드 체스트	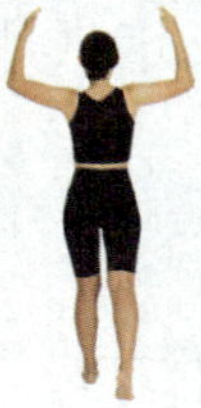 백 더블 바이셉스	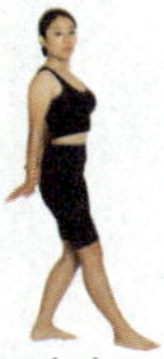 사이드 트라이셉스			
여자 피지크 (쿼터 턴) 여자 보디 피트니스	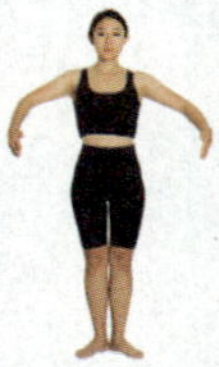 프런트 포지션	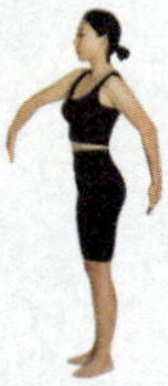 쿼터 턴 라이트	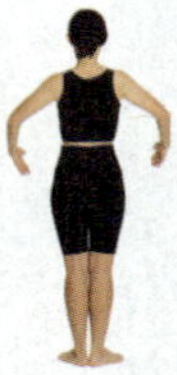 쿼터 턴 백	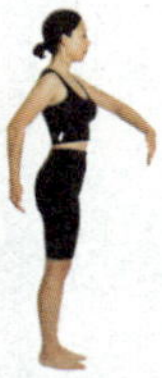 쿼터 턴 라이트			
여자 비키니, 웰니스, 핏모델	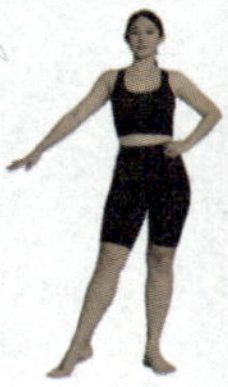 프런트 포지션	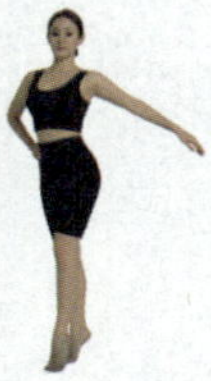 쿼터 턴 라이트	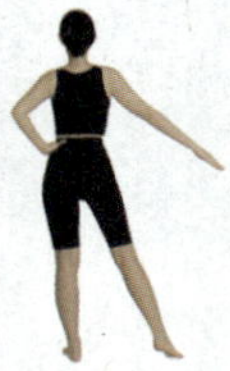 쿼터 턴 백	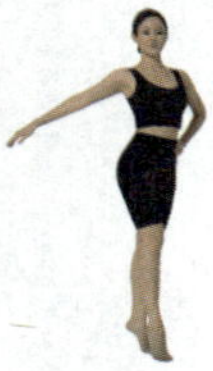 쿼터 턴 라이트			

1. 프런트 더블 바이셉스(Front Double Biceps)

① 심판을 향해 정면으로 서서 한 발을 약간 바깥쪽 앞으로 내민다.

② 두 팔을 들어 어깨와 수평을 이루게 한 후 팔꿈치를 구부린다.

③ 이두근과 전완근이 수축되도록 주먹을 꽉 쥔 채 아래를 향하게 한다.

④ 머리부터 발끝까지 가능한 많은 근육을 수축시킬 수 있도록 노력한다.

2. 프런트 랫 스프레드(Front Lat Spread)

① 심판을 향해 정면으로 선 채로 다리와 발의 안쪽 라인을
최대 15cm까지 벌려준다.

② 펼치거나 주먹을 쥔 손을 허리 하부 또는 복사근에 위치시킨 채
광배근을 펼쳐 보인다.

③ 동시에 가능한 많은 전면 근육의 수축을 시도한다.

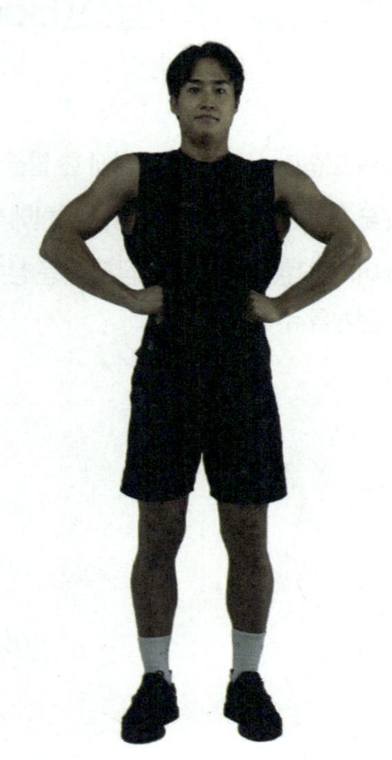

3. 사이드 체스트(Side Chest)

① 우측이나 좌측을 바라보고 선 후, 심판을 향해 고개와 상체를 틀어준다.

② 심판과 가까운 쪽 다리의 무릎을 구부리고 발가락으로 지탱한다.

③ 심판과 가까운 쪽 팔을 직각으로 구부린 후 손은 주먹을 쥐고
다른 한 손은 주먹을 쥔 손의 손목을 잡는다.

④ 배를 넣고 가슴을 살짝 들고 직각으로 구부린 팔의 상승 압력을 이용해
상완이두근을 최대한 수축한다.

4. 백 더블 바이셉스(Back Double Biceps)

① 뒤 모습이 심판을 향해 서서 한 발을 뒤로 빼서 발가락으로 지탱한다.

② 두 팔을 들어 어깨와 수평한 위치에서 팔꿈치를 구부린다.

③ 어깨, 상완이두근, 상완삼두근,등 상하부, 둔근, 허벅지, 비복근
전체를 수축시킨다.

5. 백 랫 스프레드(Back Lat Spread)

① 뒷 모습이 심판에게 보이게 서서 다리와 발의 안쪽 라인을
　 최대 15cm까지 벌려준다.

② 양손을 허리 위에 올리고 광배근을 최대한 펼쳐 보인다.

③ 머리부터 발끝까지 가능한 한 많은 후면 전체 근육을 수축한다.

6. 사이드 트라이셉스(Side Tricep)

① 우측이나 좌측을 바라보고 선 후, 심판을 향해 고개와 상체를 틀어준다.

② 두 팔을 등 뒤에 놓고 깍지를 끼거나 앞쪽에 있는 팔의 손목을
　 다른 손으로 움켜잡는다.

③ 심판과 가까운 쪽 다리의 무릎을 굽히고 발바닥을 바닥에 딱 붙인다.

④ 심판과 먼 쪽 다리의 무릎을 굽히고 발가락으로 지탱한다.

⑤ 앞쪽 팔에 압력을 가하여 상완삼두근을 수축시킨다.

7. 업도미널 앤 타이(Abdominal &Thighs)

① 심판을 향해 정면으로 서서 한쪽 다리를 앞쪽 다리를 앞에 놓고
　 발가락으로 지탱한다.

② 두 팔을 머리 뒤에 놓고 호흡을 들이마신다.

③ 몸통을 약간 앞 쪽으로 보내며 '크런칭' 자세로 복부근육을 수축시킨다.

④ 동시에 하체 전면 근육도 수축시킨다.

1. 프런트 더블 바이셉스 2. 사이드 체스트 3. 백 더블 바이셉스 4. 사이드 트라이셉스 6. 업도미널 앤 타이
* 5가지 포징은 보디빌딩과 동일

5. 베큠(Vacuum Pose)

① 심판을 향해 정면으로 서서 두 팔을 머리 뒤에 대고
   두 발을 모은다.
② 숨을 깊게 내쉬고 배꼽을 척추 쪽으로 당긴다는 느낌으
   복부를 안으로 당기면서 팔, 복횡근, 다리 전면근육을
   수축한다. (단 복직근은 수축하지 않는다)

7. 클래식 포즈 오브 애슬렛티스 초이스
(Classic Pose of Athlete's Choice)

① 심판을 향해 자신이 원하는 전체 근육을
   수축 시키는 한가지 포즈를 실시한다.
   단, '모스트 머스큘러'금지

1. 프런트 포지션(Front Position)

① 몸에 긴장을 유지한 채 바르게 서서 머리와 눈이 몸과 같은 방향을 향하게 한다.

② 네 손가락을 몸 앞쪽으로 둔 채 한 손을 복직근에 얹고,
   한 다리는 약간 측면으로 뻗어준다.

③ 다른 손은 몸을 따라 아래로 늘어뜨린 상태에서 약간 몸에서 떨어지게 하고,
   팔꿈치를 살짝 구부린 후, 손바닥을 곧게 펴주며,
   손가락은 보기 좋게 정렬해준다.

④ 무릎은 펴고, 복근과 광배근을 살짝 수축시킨 상태에서 고개를 들어준다.

2. 쿼터턴 라이트(Quarter Turn Right)
- 왼쪽 측면이 심판을 향함

① 몸의 왼편이 심판을 향하게 선 상태에서, 상체를 약간 심판 쪽으로 돌려준다.

② 왼손은 왼쪽 복직근에 얹는다.

③ 오른팔은 몸의 중심선보다 약간 앞에 두고, 손바닥을 편 채로 손가락을
   보기 좋게 정렬해놓고, 팔꿈치는 약간 구부린다.

④ 왼쪽 다리의 무릎을 약간 구부리고, 발은 바닥에 딱 붙인다.

⑤ 오른쪽 다리의 무릎을 구부리고 뒤쪽으로 빼서 발가락으로 체중을 지탱한다.

3. 쿼터턴 백(Quarter Turn Back)

① 몸에 긴장을 유지한 채 바르게 서서 머리와 눈이 몸과 같은
　방향을 향하게 한다.

② 네 손가락을 몸 앞쪽으로 둔 채 한 손을 복직근에 얹고,
　한 다리는 약간 측면으로 뻗어준다.

③ 다른 손은 몸을 따라 아래로 늘어뜨린 상태에서 약간 몸에서 떨어지게 하고,
　팔꿈치를 살짝 구부린후, 손바닥을 곧게 펴주며, 손가락은 보기 좋게 정렬해

④ 무릎은 펴고, 복근과 광배근을 살짝 수축시킨 상태에서 고개를 들어준다.

4. 쿼터턴 라이트(Quarter Turn Right)
- 오른쪽 측면이 심판을 향함

① 몸의 오른편이 심판을 향하게 선 상태에서, 상체를 약간 심판 쪽으로 돌려준다

② 오른손은 오른쪽 복직근에 얹는다.

③ 왼팔은 몸의 중심선보다 약간 앞에 두고, 손바닥을 편 채로 손가락을
　보기 좋게 정렬해놓고, 팔꿈치는 약간 구부린다.

④ 오른쪽 다리의 무릎을 약간 구부리고, 발은 바닥에 딱 붙인다.

⑤ 왼쪽 다리의 무릎을 구부리고 뒤쪽으로 빼서 발가락으로 체중을 지탱한다.

여자 피지크 규정포즈

1. 프런트 더블 바이셉스(Front Double Biceps)

① 오른쪽 또는 왼쪽 다리를 바깥쪽으로 빼고 다리와 발을
   일직선 상에 둔 채 정면을 바라보고 선다.

② 두 팔을 들어 어깨높이까지 올린 다음 팔꿈치를 구부린다.

③ 손을 편 상태에서 손가락이 하늘을 향하게 한다.

④ 머리부터 발끝까지 가능한 많은 근육을 수축시킬 수 있도록 노력한다.

2. 사이드 체스트(Side Chest)

① 우측이나 좌측을 바라보고 선 후, 심판을 향해 고개와 상체를 틀어 준다.

② 심판과 먼 쪽 다리는 발바닥을 땅에 붙이고 무릎을 약간 구부린다.

③ 심판과 가까운 쪽 다리는 곧게 펴고, 앞으로 뻗어 발가락으로 지탱한다.

④ 배를 안으로 집어넣은 상태에서, 양 팔을 몸 앞쪽에 위치시키고,
   양 손은 깍지를 끼거나 한 손을 다른 한 손에 포개어 손바닥이 아래쪽을 향하게 한다.

⑤ 가슴근육, 삼두근, 대퇴사두근, 대퇴이두근, 비복근을 수축한다.

3. 백더블 바이셉스(Back Double Biceps)

① 뒷 모습이 심판을 향하게 서서 한 쪽 발을 뒤로 빼서 발가락으로 지탱한다.

② 두 팔을 어깨 높이까지 올리고 팔꿈치를 구부리며
　 두 손은 펴서 손가락이 하늘을 향하게 한다.

③ 어깨, 등 상.하부, 대퇴이두근, 둔근, 비복근 후면 전체를 수축시킨다.

4. 사이드 트라이셉스(Side Triceps)

① 우측이나 좌측을 바라보고 선 후 심판을 향해 고개와 상체를 틀어준다.

② 심판과 먼 쪽 다리는 발바닥을 지면에 붙이고 무릎을 약간 구부린다.

③ 심판과 가까운 쪽 다리는 곧게 앞으로 뻗어 발가락으로 체중을 지탱한다.

④ 복부를 집어넣고 가슴을 내밀고 두 팔을 등 뒤에 위치한다.

⑤ 심판과 가까운 쪽 팔을 곧게 펴고, 엄지손가락과 나머지 손가락을 한데 모아
　 손바닥이 지면을 향하게 한다.

⑥ 앞에 있는 손목을 뒤쪽 손으로 잡고 앞쪽 팔에 압력을 가하여
　 상완삼두근을 수축시킨다.

1. 프런트 포지션(Front Position)

① 바르게 서서 머리와 눈이 몸과 같은 방향을 향하게 한다.

② 발뒤꿈치를 모은 상태에서 양발을 바깥쪽 30° 각도로 벌린다.

③ 양 무릎을 붙인 채로 펴고, 배는 안으로 집어넣고,
   가슴을 내밀고 어깨를 뒤로 젖힌다.

④ 두 팔을 신체 중심선을 따라 측면으로 내리고
   팔꿈치를 약간 구부린다.

⑤ 손바닥이 몸통을 바라보게 한 상태에서 엄지손가락과
   나머지 손가락을 한데 모아 손을 살짝 오므린다.

2. 쿼터턴 라이트(Quarter Turn Right)
- 왼쪽 측면이 심판을 향함

① 바르게 서서 머리와 눈이 몸과 같은 방향을 향하게 한다.

② 양발을 바깥쪽 30° 각도로 벌린 채로 선다.

③ 무릎을 펴고, 배는 안으로 집어넣고, 가슴은 내민 채
   어깨를 뒤로 젖힌다.

④ 왼팔을 신체 중심선보다 약간 뒤로 두고 손바닥이
   몸통을 바라보게 한 상태에서 손을 살짝 오므린다.

⑤ 팔꿈치를 살짝 구부린 오른팔을 신체전방에
   위치시키고 손바닥이 몸통을 바라보게 한 상태에서
   손을 살짝 오므린다.

3. 쿼터턴 백(Quarter Turn Back)

① 바르게 서서 머리와 눈이 몸과 같은 방향을 향하게 한다.

② 발뒤꿈치를 모은 상태에서 양발을 바깥쪽 30° 각도로 벌린다.

③ 양 무릎을 붙인 채로 펴고, 배는 안으로 집어넣고, 가슴을 내밀고
  어깨를 뒤로 젖힌다.

④ 두 팔을 신체 중심선을 따라 측면으로 내리고 팔꿈치를 약간 구부린다.

⑤ 손바닥이 몸통을 바라보게 한 상태에서 엄지손가락과 나머지 손가락을
  한데 모아 손을 살짝 오므린다.

4. 쿼터턴 라이트(Quarter Turn Right)
- 오른쪽 측면이 심판을 향함

① 바르게 서서 머리와 눈이 몸과 같은 방향을 향하게 한다.

② 양발을 바깥쪽 30° 각도로 벌린채로 선다.

③ 무릎을 펴고, 배는 안으로 집어넣고, 가슴은 내민 채 어깨를 뒤로 젖힌다.

④ 오른팔을 신체 중심선보다 약간 뒤로 두고 손바닥이 몸통을 바라보게 한
  상태에서 손을 살짝 오므린다.

⑤ 팔꿈치를 살짝 구부린 왼팔을 신체 전방에 위치시키고 손바닥이 몸통을 바라보게
  한 상태에서 손을 살짝 오므린다.

1. 프런트 포지션(Front Position)

① 바르게 서서 머리와 눈이 몸과 같은 방향을 향하게 한다.

② 한 손을 복직근(허리)에 얹고 한 발은 약간 옆으로 뻗어준다.

③ 다른 손은 몸을 따라 아래로 늘어뜨린 상태에서
   약간 몸에서 떨어지게 하고, 손바닥을 곧게 펴주며,
   손가락은 보기 좋게 정렬시킨다.

④ 무릎은 펴고, 배는 집어넣고, 가슴은 내밀고, 어깨는 뒤로 편다.

2. 쿼터턴 라이트(Quarter Turn Right)
   - 왼쪽 측면이 심판을 향함

① 몸의 왼편이 심판을 향하게 선 상태에서, 심판을 바라볼 수 있도록
   상체를 약간 심판쪽으로 돌려준다.

② 오른손은 오른쪽 복직근(허리)에 얹고, 왼팔은 신체 중심선보다
   약간 뒤로 둔 상태에서 아래로 내린다.

③ 왼손은 곧게 펴고, 손가락을 미적으로 가지런히 정렬시킨다.

④ 왼쪽 엉덩이를 약간 올리고, 왼쪽 다리(심판과 가까운쪽)의
   무릎을 약간 구부린다.

⑤ 왼발을 몸의 중심선 가까이에 둔 상태에서 발가락으로 체중을
   지탱하며, 오른쪽 다리는 곧게 폅니다.

3. 쿼터턴 백(Quarter Turn Back)

① 한 손은 복직근(허리)에 얹고 한 다리는 옆으로 살짝 뻗은 채,
상체를 똑바로 세운다.

② 다른 손은 몸을 따라 아래로 늘어뜨린 상태에서 약간 몸에서
떨어지게 하고, 손은 곧게 펴주며, 손가락은 보기 좋게 정렬시킨다.

③ 무릎은 펴고, 배는 집어넣고, 가슴은 내밀고, 어깨는 뒤로 편다.

④ 허리 아랫부분은 자연스럽게 굽히거나 약간의 척추전만 형태를 띠게
하며, 등 위쪽은 곧게 펴고, 고개는 들어준다.

4. 쿼터턴 라이트(Quarter Turn Right)
- 오른쪽 측면이 심판을 향함

① 몸의 오른편이 심판을 향하게 선 상태에서, 심판을 바라볼 수 있도록
상체를 약간 심판쪽으로 돌려준다.

② 왼손은 왼쪽 복직근(허리)에 얹고, 오른팔은 신체 중심선보다
약간 뒤로 둔 상태에서 아래로 내린다.

③ 오른손은 곧게 펴고, 손가락을 미적으로 가지런히 정렬시킨다.

④ 오른쪽 엉덩이를 약간 올리고, 오른쪽 다리(심판과 가까운 쪽)의
무릎을 약간 구부린다.

⑤ 오른발을 몸의 중심선 가까이에 둔 상태에서 발가락으로
체중을 지탱하며, 왼쪽 다리는 곧게 폅니다.

MEMO

구술

CHAPTER 01.

규정

한눈에 보는 구술

규정
- 협회 규정
  - 종목 소개
    - 남자 (클래식) 보디빌딩
      - 클래식 피지크
      - 피지크
      - 핏모델
    - 여자 피지크
      - 보디 피트니스
      - 비키니
      - 웰니스
      - 핏모델
    - 지도방법
    - 예·결선 라운드
    - 복장 및 컬러링
    - 체급
  - 도핑
    - 정의
    - 검사 종류
    - 검사 방법
    - 치료목적사용면책
    - 소재지정보
  - 경기인
    - 정의
    - 등록
      - 구분
      - 기간 및 절차
      - 결격
- 스포츠 인권
  - 스포츠 폭력
    - 정의
    - 원인
    - 유형
    - 예방법
      - 지도자
      - 선수
      - 학부모
    - 대처법
  - 스포츠 성폭력
    - 정의
    - 원인
    - 유형
    - 예방법
      - 지도자
      - 선수
      - 학부모
    - 대처법
    - 기타(성 그루밍, 성인지 감수성)
- 생활체육
  - 목적 및 기능
  - 프로그램
    - 구성 원리
    - 단계
  - 지도자
    - 역할
    - 자질
- 응급처치
  - 정의
  - 심폐소생술(CPR)
  - 자동심장충격기(AED)
  - RICES
  - 기도 폐쇄, 골절, 화상, 쇼크
    - 증류
    - 응급처치

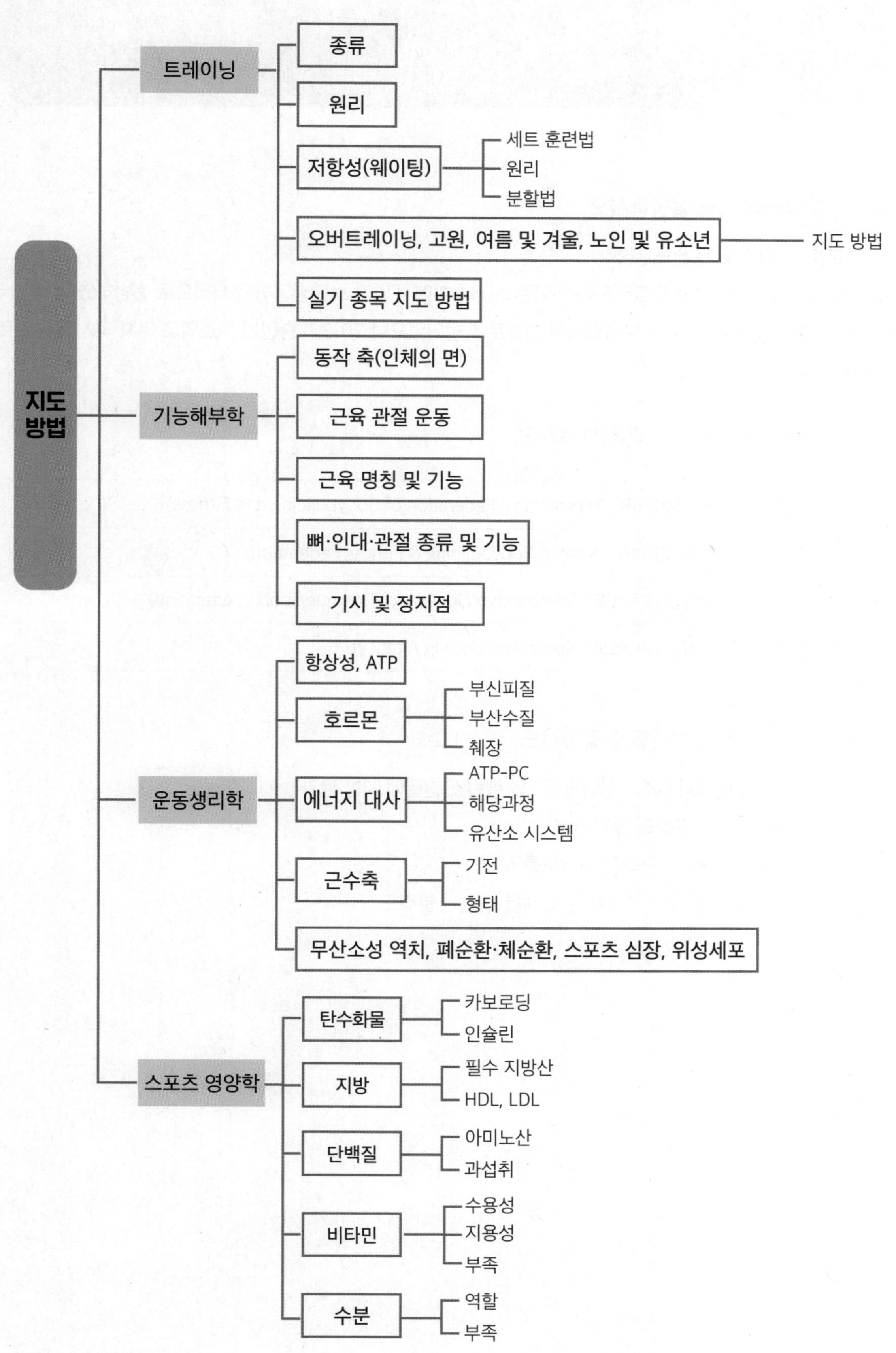

지도
방법

트레이닝
종류
원리
저항성(웨이팅)
세트 훈련법
원리
분할법
오버트레이닝, 고원, 여름 및 겨울, 노인 및 유소년
지도 방법
실기 종목 지도 방법

기능해부학
동작 축(인체의 면)
근육 관절 운동
근육 명칭 및 기능
뼈·인대·관절 종류 및 기능
기시 및 정지점

운동생리학
항상성, ATP
호르몬
부신피질
부산수질
췌장
에너지 대사
ATP-PC
해당과정
유산소 시스템
근수축
기전
형태
무산소성 역치, 폐순환·체순환, 스포츠 심장, 위성세포

스포츠 영양학
탄수화물
카보로딩
인슐린
지방
필수 지방산
HDL, LDL
단백질
아미노산
과섭취
비타민
수용성
지용성
부족
수분
역할
부족

01. 보디빌딩 역사에 대해 설명하시오.

1) 창시자는 독일의 유진 샌도우이다.

2) 1970년 유고슬라비아 베오그라드에서 열린 IFBB총회에서 남자 보디빌딩이 공식적으로 출범하였다.

3) 1982년 IFBB총회에서 여자 보디빌딩이 최초로 출범되었으나 2013년 승인이 취소되고 여자 피지크 경기로 대체되었다.

02. 보디빌딩 관련 기관 및 협회를 설명하시오.

1	세계보디빌딩연맹(IFBB : International Federation of Bodybuilding and Fitness)
2	대한보디빌딩협회(KBBF : Korean Bodybuilding & Fitness Federation)
3	아시아보디빌딩연맹(ABBF : Asian Bodybuilding and Physique Sports Federation)
4	한국도핑방지위원회(KADA : Korea Anti·Doping Agency)

중요

03. 보디빌딩 심사방법 및 기준을 설명하시오.

• 전체적인 체격의 비율과 대칭, 근육의 크기와 밸런스 발달에 대한 평가

　① 벌크업(Bulk-up) : 근육의 크기 심사

　② 데피니션(Definition) : 근육의 선명도를 심사

　③ 컷(Cut) : 근육의 윤곽이 각을 이룬 상태를 심사 → 분리도

04. 10가지 종목 규정 포즈에 대해 설명하시오.

(1) 보디빌딩

• 전체 형태와 다양한 근육군을 심사하고 훌륭한 포즈와 자세, '근육량'을 평가함.

> ※ 각 포즈에 해당되는 주요 부위를 중점으로 심사를 하지만 그 외 보여지는 모든 부위도 심사에 영향을 줄 수 있다.

포즈번호	내용
1	프런트 더블 바이셉스(Front Double Biceps) : 전면 이두근 및 전완근 발달 심사
2	프런트 랫 스프레드(Front Lat Spread) : 전면 광배근 발달 심사
3	사이드 체스트(Side Chest) : 가슴 근육 및 이두근 발달 심사
4	백 더블 바이셉스(Back Double Biceps) : 전체적인 등 근육과 밀도 발달 심사
5	백 랫 스프레드(Back Lat Spread) : 전체적인 등 근육과 너비 발달 심사
6	사이드 트라이셉스(Side Triceps) : 상완삼두근 발달 심사
7	업도미널 앤 타이(Abdominal&Thighs) : 복부 근육과 다리 근육 발달 심사

(2) 클래식 보디빌딩

• 보디빌딩과 같이 근육 중심을 평가하지만 미적 비율과 균형 잡힌 클래식한 몸을 중점적으로 심사함.

포즈번호	내용
1	프런트 더블 바이셉스(Front Double Biceps) : 전면 이두근 및 전완근 발달 심사
2	프런트 랫 스프레드(Front Lat Spread) : 전면 광배근 발달 심사
3	사이드 체스트(Side Chest) : 가슴 근육 및 이두근 발달 심사
4	백 더블 바이셉스(Back Double Biceps) : 전체적인 등 근육과 밀도 발달 심사
5	백 랫 스프레드(Back Lat Spread) : 전체적인 등 근육과 너비 발달 심사
6	사이드 트라이셉스(Side Triceps) : 상완삼두근 발달 심사
7	업도미널 앤 타이(Abdominal&Thighs) : 복부 근육과 다리 근육 발달 심사

(3) 남자 클래식 피지크

- 균형 잡힌 미학적 몸을 중시하며 단순히 크기 보다는 하체와 상체 비율과 라인, 예술성을 심사함. 전체적인 근육량도 어느정도 필요하며 허리가 얇고 어깨가 넓어 보일수록 유리함.

포즈번호	내용
1	프런트 더블 바이셉스(Front Double Biceps) : 전면 이두근 및 전완근 발달 심사
2	사이드 체스트(Side Chest) : 가슴 근육 및 이두근 발달 심사
3	백 더블 바이셉스(Back Double Biceps) : 전체적인 등 근육과 밀도 발달 심사
4	사이드 트라이셉스(Side Triceps) : 상완삼두근 발달 심사
5	베큠 포즈(Vacuum Pose) : 복부를 안으로 끌어들여 얇은 허리 라인과 흉곽의 확장으로 클래식한 실루엣을 심사
6	업도미널 앤 타이(Abdominal&Thighs) : 복부 근육과 다리 근육 발달 심사
7	클래식 포즈 옵 애슬렛티스 초이스(Classic pose of athletes's choice) : 클래식한 포즈나 자신이 좋아하는 포즈를 자신있게 취함. ※ 단 모스트 모스큘라 포즈 금지

(4) 남자 피지크

- 균형 잡힌 미적 몸매와 전체적인 비율, 대칭, 컨디션 등 종합적으로 평가하는 종목. 넓은 어깨와 좁은 허리 모양인 V 라인이 유리함. 극단적인 낮은 체지방과 근육질은 감점.

포즈번호	내용
1	프런트 포지션(Front Positon) : 정면을 향해 라인업
2	쿼터 턴 라이트(Quarter Turn Right) : 왼쪽 측면이 심판을 바라봄.
3	쿼터 턴 백(Quarter Turn Back) : 후면 부분 라인업
4	쿼터 턴 라이트(Quarter Turn Right) : 오른쪽 측면이 심판을 바라봄.

(5) 남자 핏모델

- 패션 모델에 가까운 몸을 평가하는 것으로 근육 크기보다 라인, 비율, 세련된 이미지, 옷핏에 중점을 둠. 극단적인 낮은 체지방과 근육질은 감점.

포즈번호	내용
1	프런트 포지션(Front Positon) : 정면을 향해 라인업
2	쿼터 턴 라이트(Quarter Turn Right) : 왼쪽 측면이 심판을 바라봄.
3	쿼터 턴 백(Quarter Turn Back) : 후면 부분 라인업
4	쿼터 턴 라이트(Quarter Turn Right) : 오른쪽 측면이 심판을 바라봄.

(6) 여자 피지크

- 근육 발달, 선명도, 대칭, 컨디셔닝, 여성미를 종합적으로 평가하는 종목이다. 특히, 충분히 크고 발달된 근육이 필수적이고 전체적으로 균형있게 근육이 발달해야 한다.
- 4가지 규정포즈 + 쿼터 턴
  - 4가지 규정포즈

포즈번호	내용
1	프런트 더블 바이셉스(Front Double Biceps) : 전면 근육(상완이두, 가슴, 대퇴사두 등)과 전체적인 신체 균형, 비율, 대칭 심사
2	사이드 체스트(Side Chest) : 가슴 근육, 삼두, 하체, 심사
3	백 더블 바이셉스(Back Double Biceps) : 각 신체 부분의 라인 및 균형, 전체적인 신체 비율 및 대칭 심사
4	사이드 트라이셉스(Side Triceps) : 삼두근 및 하체 심사

  - 쿼터 턴

포즈번호	내용
1	프런트 포지션(Front Positon) : 정면을 향해 라인업
2	쿼터 턴 라이트(Quarter Turn Right) : 왼쪽 측면이 심판을 바라봄
3	쿼터 턴 백(Quarter Turn Back) : 후면 부분 라인업
4	쿼터 턴 라이트(Quarter Turn Right) : 오른쪽 측면이 심판을 바라봄

(7) 보디 피트니스

- 근육 발달, 대칭, 컨디셔닝, 여성미를 종합적으로 평가하는 종목으로 비키니보다는 근육이 크고, 여자 피지크보다는 덜 요구한다. 즉, '균형감 있게 전체적으로 다 갖춘 모습'
- 쿼터 턴 + I-워킹(I-walking)

포즈번호	내용
1	프런트 포지션(Front Positon) : 정면을 향해 라인업
2	쿼터 턴 라이트(Quarter Turn Right) : 왼쪽 측면이 심판을 바라봄
3	쿼터 턴 백(Quarter Turn Back) : 후면 부분 라인업
4	쿼터 턴 라이트(Quarter Turn Right) : 오른쪽 측면이 심판을 바라봄

(8) 비키니 피트니스

- 여성미, 라인, 비율을 중요하게 심사하며 근육 크기보다 아름다운 몸매와 전체적인 밸런스를 평가한다. 특히 균형 잡힌 엉덩이를 가장 중요하게 여긴다. 극단적인 낮은 체지방과 근육질은 감점.
- 쿼터 턴 + I-워킹(I-walking)

포즈번호	내용
1	프런트 포지션(Front Positon) : 정면을 향해 라인업
2	쿼터 턴 라이트(Quarter Turn Right) : 왼쪽 측면이 심판을 바라봄
3	쿼터 턴 백(Quarter Turn Back) : 후면 부분 라인업
4	쿼터 턴 라이트(Quarter Turn Right) : 오른쪽 측면이 심판을 바라봄

(9) 웰니스

- 하체 중심의 근육 발달과 여성미를 심사함. 특히 엉덩이, 허벅지, 하체 볼륨과 라인이 가장 중요한 평가 요소이고 상체는 균형적이면 충분함. 극단적인 낮은 체지방과 근육질은 감점.
- 쿼터 턴 + I-워킹(I-walking)

포즈번호	내용
1	프런트 포지션(Front Positon) : 정면을 향해 라인업
2	쿼터 턴 라이트(Quarter Turn Right) : 왼쪽 측면이 심판을 바라봄
3	쿼터 턴 백(Quarter Turn Back) : 후면 부분 라인업
4	쿼터 턴 라이트(Quarter Turn Right) : 오른쪽 측면이 심판을 바라봄

(10) 여자 핏모델

- 여자 종목 중에서 가장 자연스럽고 슬림하면서도 탄탄한 몸으로 모델에 가까운 이미지를 평가함. 근육 크기보다 라인, 비율, 세련된 이미지, 옷핏에 중점을 둠.
- 쿼터 턴 + V-워킹(V-walking)

포즈번호	내용
1	프런트 포지션(Front Positon) : 정면을 향해 라인업
2	쿼터 턴 라이트(Quarter Turn Right) : 왼쪽 측면이 심판을 바라봄
3	쿼터 턴 백(Quarter Turn Back) : 후면 부분 라인업
4	쿼터 턴 라이트(Quarter Turn Right) : 오른쪽 측면이 심판을 바라봄

05. 10가지 종목 예 결선 라운드 방식

(1) 남자

		(클래식) 보디빌딩	클래식 피지크 (2급 전문·1급 생활만 출제)	피지크	핏모델
예선	예선	4가지 규정포즈		쿼터 턴	쿼터턴
	1라운드	4가지 규정포즈 → 비교심사 참가 선수 결정 → 7가지 규정포즈 비교심사		쿼터 턴 → 비교심사 참가 선수 결정 → 쿼터 턴 비교심사	
	2라운드	-			1라운드와 동일 (단, 쿼터 턴 백포즈 제외)
결선 진출자 결정					
결선	2라운드	7가지 규정포즈 2회 → 포즈다운		쿼터 턴 2회	-
	3라운드	개인 자유포즈(최대 60초)		-	개인 프레젠테이션 & 쿼터 턴(백포즈 제외)
	4라운드	-		-	개인 프레젠테이션(T-walking)
	오버롤	7가지 규정포즈 → 포즈다운		쿼터 턴 2회	쿼터 턴 2회 (백 포즈 제외)

<참고>

1) 클래식 보디빌딩 & 보디빌딩 4가지 규정포즈 : 프런트 더블 바이셉스, 사이드 체스트, 백 더블 바이셉스, 업도미널 앤 타이

2) 클래식 피지크 4가지 규정포즈: 프런트 더블 바이셉스, 사이드 체스트, 백 더블 바이셉스, 베큠

3) 자유포즈 : 본인이 선택한 음악에 맞춰 자신의 근육과 퍼포먼스를 잘 표현할 수 있는 포즈를 취함.

4) 비교심사 : 심판이 호명한 특정 선수들이 무대 위 일렬로 서서 포징을 하면 비교하여 심사. 일렬로 서 있다고 해서 다 비교심사는 아님.

5) 오버롤(통합 체급전): 각 체급별 1등 선수들끼리 모여서 순위를 정하는 경기

6) 포즈다운 : 심사가 거의 마무리 된 이후 주최 측에서 준비한 음악에 맞춰 선수들이 무대 위에서 자유롭게 포즈를 취하는 동작. 쇼맨숩과 무대장악력을 보여줄 수 있음. 심사에 큰 영향을 주지는 않지만 동등한 점수일 경우에는 반영될 수도 있음.

7) T-walking : 선수는 무대 중앙으로 걸어간 후 오른쪽으로 가서 전면 및 후면 포즈를 실시한다. 이후 반대편 왼쪽으로 가서 전면 및 후면 포즈 실시한다. 그리고 무대 뒤쪽 라인업 위치로 돌아감. 선수들의 이동 중 속도, 동작의 우아함, 몸짓, 쇼맨십 등을 평가

8) 남자 핏모델 라운드 별 복장
   - 예선 라운드 : 체조용 반바지
   - 예선 1라운드 : 체조용 반바지
   - 예선 2라운드 : 캐주얼한 스포츠웨어
   - 결선 3라운드 : 체조용 반바지
   - 결선 4라운드: 캐주얼한 스포츠웨어
   - 시상 및 오버롤: 캐주얼한 스포츠웨어

(2) 여자

		여자				
		피지크	보디 피트니스	비키니	웰니스	핏모델
예선	예선 라운드	4가지 규정포즈	쿼터턴			
예선	1라운드	4가지 규정포즈 → 비교심사 참가 선수 결정 → 쿼터 턴 & 4가지 규정포즈 비교심사	쿼터 턴 → 비교심사 참가 선수 결정 → 쿼터 턴 비교심사			
예선	2라운드	-				1라운드와 동일
결선 진출자 선정						
결선	2라운드	(쿼터 턴 & 4가지 규정포즈) 2회 → 포즈다운	개인 프레젠테이션(I-walking) → 쿼터 턴 2회			-
결선	3라운드	개인 자유 포즈(최대 60초)	-			V-walking & 쿼터 턴 2회
결선	4라운드	-	-			V-walking & 쿼터 턴 2회
결선	오버롤	(쿼터 턴 & 4가지 규정포즈) 2회	쿼터 턴 2회			쿼터 턴 2회

<참고>

1) I-walking : 선수는 무대 중앙으로 걸어가서 정지하고 자신이 선택한 4가지를 각각 다른 포즈를 취하는 것.
   그리고 무대 뒤쪽 라인업 위치로 돌아감. 선수들의 이동 중 속도, 동작의 우아함, 몸짓, 쇼맨십 등을 평가

2) V-walking : 선수는 무대 중앙으로 걸어가서 정지하고 자신이 선택한 2~3가지를 각각 다른 포즈를 취하는
   것. 선수들의 이동 중 속도, 동작의 우아함, 몸짓, 쇼맨십 등을 평가

3) 여자 핏모델 라운드 별 복장
   - 예선 라운드 : 이브닝 가운
   - 예선 1라운드 : 이브닝 가운
   - 예선 2라운드 : 수영복
   - 결선 3라운드 : 이브닝 가운
   - 결선 4라운드 : 수영복
   - 시상 및 오버롤 : 이브닝 가운

4) 그 외 용어 남자 <참고> 내용 확인

< 대한보디빌딩협회 유투브 채널>

대회 영상 참고!

06. 보디빌딩 10가지 종목 복장 및 컬러링 규정

(1) 남자 종목

	남자	
	시합복	컬러링
보디빌딩	• 대둔근 3/4, 전면 전체 가리는 단색 불투명한 트렁크 • 측면 폭 최소 5cm • 트렁크 안에 패딩 넣는 것 금지 • 신발, 안경, 시계 같은 장식품 착용 금지	• 지워질 수 있는 탄과 브론저 사용 금지 • 반짝거리는 펄, 황금빛 색 사용 금지 • 오일의 과도한 사용 금지
클래식 보디빌딩	• 대둔근, 전면 전체 가리는 단색 불투명한 소재 체조용 반바지 • 측면 폭 최소 15cm • 투명하지 않은 깔끔한 단색 착용 • 트렁크 안에 패딩 넣는 것 금지 • 신발, 안경, 시계 같은 장식품 착용 금지	
클래식 피지크 (2급 전문, 1급 생활 출제)		
피지크	• 깔끔하고 단정하며 불투명한 신축성 있는 루즈핏 보드 반바지 • 다리 상부 전체 덮고 무릎 윗선까지 내림. • 기하학적 무늬 허용 • 새겨진 문자나 볼록한 장식 금지 • 신발, 안경, 시계 같은 장식품 착용 금지 • 트렁크 안에 패딩 넣는 것 금지	
핏모델	• 예선 라운드 · 1라운드 : 체조용 반바지 • 예선 2라운드 : 캐주얼한 스포츠웨어 • 결선 3라운드 : 체조용 반바지 • 결선 4라운드 캐주얼한 스포츠웨어 • 시상 및 오버롤 : 캐주얼한 스포츠웨어	

1) 핏모델 체조용 반바지는 클래식 보디빌딩 · 클래식 피지크와 규격이 같음

2) 핏모델 캐주얼 스포츠웨어: 피트니스 스타일 재킷 + 청바지

3) 남자 종목은 신발을 착용하지 않음.

(2) 여자 종목

	여자		컬러링
	시합복		
피지크	• 대둔근 1/2이상과 전면 가려진 투명하지 않은 일반 비키니 • 신발 착용금지 • 끈으로 된 비키니 금지 • 헤어는 스타일링 가능 • 가슴 보형물을 제외한 안경, 시계, 가발 또는 인공 보형물 착용 금지 • 반지, 팔찌, 귀걸이를 제외한 장신구 착용 금지		
보디 피트니스 웰니스 비키니	• 전면 가려진 투명하지 않은 일반 비키니 (보디 피트니스 · 웰니스는 대둔근 1/2이상, 비키니는 1/3이상 가려진 비키니) • 힐의 높이 최대 12cm • 힐 앞굽의 두께 최대 1cm • 플랫폼 구두 금지 • 끈으로 된 비키니 금지 • 헤어는 스타일링 가능 • 가슴 보형물을 제외한 안경, 시계, 가발 또는 인공 보형물 착용 금지 • 반지, 팔찌, 귀걸이를 제외한 장신구 착용 금지		• 지워질 수 있는 탄과 브론저 사용 금지 • 반짝거리는 펄, 황금빛 색 사용 금지 • 오일의 과도한 사용 금지
핏모델	• 예선 라운드 · 1라운드: 이브닝 가운 착용 • 예선 2라운드: 수영복 착용 • 결선 3라운드: 이브닝 가운 착용 • 결선 4라운드 수영복 착용 • 시상 및 오버롤: 이브닝 가운 착용 • 힐 높이 최대 12cm, 앞굽의 두께 최대 1cm, 플랫폼 구두 금지 • 장신구 착용은 선택 사항(금지 장신구: 목걸이, 체인, 왕관, 피어싱, 시계) • 헤어는 스타일링 가능 • 가슴 보형물을 제외한 안경, 시계, 가발 또는 인공 보형물 착용 금지		

1) 핏모델 이브닝 가운

- 바닥에 닿는 길이어야 하고 트레인에 손가락 거는 행위 금지

- 메시 소재로 안감 처리를 하지 않은 불투명한 소재, 코르셋 금지, 등 하부 덮어야 함

- 엉덩이가 드러날 정도의 깊거나 가슴을 드러내는 것을 포함한 지나친 노출은 금지.

2) 핏모델 수영복

- 메시 소재로 안감 처리를 하지 않은 불투명한 소재 원피스 수영복, 등 하부 덮어야 함. 코르셋 금지

- 최소 대둔근의 1/2 이상과 전면 전체를 덮어야 함.

- 수영복 측면을 통해서 엉덩이가 노출되면 안되며, 가슴을 드러내는 것을 포함한 지나친 노출은 금지.

- 끈으로 된 비키니 금지

07. 10가지 종목 체급

	체급
보디빌딩	1. 밴텀급: 65KG 이하 2. 라이트급: 70KG 이하 3. 웰터급: 75KG 이하 4. 라이트 미들급: 80KG 이하 5. 미들급: 85KG 이하 6. 슈퍼 미들급: 90KG 이하 7. 라이트 헤비급: 95KG 이하 8. 헤비급: 100KG 이하 9. 슈퍼 헤비급: 100KG 이상

클래식
보디빌딩
(출제 빈도↑)
※ 체급 계산
문제로 나옴
	1. Class A: 168 cm 이하: 최대 체중 [kg] = (신장 [cm] − 100) + 0 [kg]
	2. Class B: 171 cm 이하: 최대 체중 [kg] = (신장 [cm] − 100) + 2 [kg]
	3. Class C: 175 cm 이하: 최대 체중 [kg] = (신장 [cm] − 100) + 4 [kg]
	4. Class D: 180 cm 이하: 최대 체중 [kg] = (신장 [cm] − 100) + 7 [kg]
	5. Class E: 180 cm 초과:
	  a) 180 cm 초과 – 188 cm 이하: 최대 체중 [kg] = (신장 [cm] - 100) + 9 [kg]
	  b) 188 cm 초과 – 196 cm 이하: 최대 체중 [kg] = (신장 [cm] - 100) + 11 [kg]
	  c) 196 cm 초과: 최대 체중 [kg] = (신장 [cm] - 100) + 13 [kg]

클래식 피지크
(전문, 1급)
※ 체급 계산
문제로 나옴
	1. 168 cm 이하: 최대 체중 [kg] = (신장[cm] − 100) + 4 [kg]
	2. 171 cm 이하: 최대 체중 [kg] = (신장[cm] − 100) + 6 [kg]
	3. 175 cm 이하: 최대 체중 [kg] = (신장[cm] − 100) + 8 [kg]
	4. 180 cm 이하: 최대 체중 [kg] = (신장[cm] − 100) + 11 [kg]
	5. 180 cm 초과:
	  a) 180 cm 초과 – 188 cm 이하: 최대 체중 [kg] = (신장[cm] − 100) + 13 [kg]
	  b) 188 cm 초과 – 196 cm 이하: 최대 체중 [kg] = (신장[cm] − 100) + 15 [kg]
	  c) 196 cm 초과: 최대 체중 [kg] = (신장[cm] − 100) + 17 [kg]

남자 피지크	1. Class A: 170cm 이하 2. Class B: 173cm 이하 3. Class C: 176cm 이하 4. Class D: 179cm 이하 5. Class E: 182cm 이하 6. Class F: 182cm 초과
남자 핏모델	1. Class A: 176cm 이하 2. Class B: 183cm 이하 3. Class C: 183cm 초과

여자 피지크	1. Class A: 163 cm 이하 2. Class B: 163 cm 초과
여자 보디 피트니스	1. Class A: 158 cm 이하 2. Class B: 163 cm 이하
여자 웰니스	3. Class C: 168 cm 이하 4. Class D: 168 cm 초과
여자 비키니 피트니스	1. Class A: 158cm 이하 2. Class B: 160cm 이하 3. Class C: 162cm 이하 4. Class D: 164cm 이하 5. Class E: 166cm 이하 6. Class F: 169cm 이하 7. Class G: 172cm 이하 8. Class H: 172cm 초과
여자 핏모델	1. Class A: 158 cm 이하 2. Class B: 162 cm 이하 3. Class C: 166 cm 이하 4. Class D: 169 cm 이하 5. Class E: 172 cm 이하 6. Class F: 172 cm 초과

08. 피트니스 챌린지 종목에 대해 설명하시오.

1. 6개 근력 운동 스테이션으로 구성된 순환형 서킷 종목

2. 제한 시간 내 최대 반복 횟수 수행을 통한 체력 및 퍼포먼스 경쟁

3. 외형 중심이 아닌 기능적 중심의 근육 수행 능력 평가

4. 건강한 라이프스타일 전파 및 다양한 연령층의 참여 장려

5. 자기 만족과 신체 균형 발전을 목표로 하는 역동적 종목

6. 복장: 운동복 착용 가능

7. 동작과 수행 레벨에 따른 카테고리

  1) 골드 레벨: 풀업, 케틀 벨 스콰 및 풀 딥스, 워킹 런지, 토투바, 데빌프레스

  2) 실버 레벨: 풀업, 제퍼슨, 벤치 딥스, 런지, 윗몸 일으키기, 케틀 벨 스내치

  3) 브론즈 레벨: 친업, 케틀 벨 스콰, 푸시업, 런지 윗몸 일으키기, 케틀 벨 스윙

09. 보디빌딩 지도자가 받아야 하는 교육에 대해 설명하시오.

- 도핑방지교육, 성폭력예방교육, 리더십교육, 인성교육

10. 대한보디빌딩협회 선수 활동에 대해 설명하시오.

1) 대한 보디빌딩 협회에서 인정하지 않는 단체가 주최하는 대회에 참가할 수 없다. (단, 동호인 선수 제외)

2) 세계연맹에서 인정하지 않는 단체가 주최 · 주관하는 대회에 참가한 선수는 국제대회에 참가할 수 없음.

3) 대한 보디빌딩 협회 등록 선수가 보디빌딩 홍보와 관계없는 광고, 쇼, 이벤트행사에 참가할 시 사전에 협회에 승인을 받아야 한다.

11. 도핑(Doping)에 대해 설명하시오.

- 운동 선수가 경기력을 향상시키기 위한 목적으로 금지 약물(호르몬제, 흥분제 등)을 섭취하거나 주사하는 것을 뜻한다.

중요 12. 도핑 검사(Doping test)에 대해 설명하시오.

- 경기력을 향상시킬 목적으로 사용한 금지 약물에 대해 검사를 통해 양성반응이 일어나는지 검사하는 것으로 주로 소변이나 혈액 샘플을 통해 분석한다.

중요 13. 검사시기 별 도핑검사에 대해 설명하시오.

1) 경기기간 중 : 일반적으로 '경기기간 중'이란 선수가 참가하기로 예정된 경기의 전일 오후 11:59부터 해당 경기 및 그 경기에 관련된 시료채취절차가 끝나는 시점까지의 기간을 의미하며, 이 기간 동안 선수의 체내에 금지약물이 존재해서는 안된다.

2) 경기기간 외 : '경기기간 외' 도핑검사는 '경기기간 중'이 아닌 기간의 도핑검사를 의미하는데 선수는 사전 통지 없이 불시에 검사를 요청받을 수 있고, 도핑검사를 받는 장소는 훈련장과 집을 비롯하여 선수의 위치가 파악되는 모든 장소가 될 수 있다.

14. 시료유형 별 도핑 검사 종류 3가지를 설명하시오.

1) 소변 시료 채취 : 검사자의 소변을 채취하여 검사를 실시하는 것으로 도핑검사관이 선수를 화장실까지 동반하여 눈으로 관찰하여 엄격하여 채취한다.

2) 정맥혈 시료 채취 : 통상적으로 부위는 팔(보편적으로 혈액 채취하는 팔꿈치 부분)이 되며 정맥 혈관 속에 바늘을 삽입하고 첫 번째 진공혈액튜브를 채취한 뒤 두 번째 진공혈액튜브까지 채취한다.

3) 건조혈반 시료 채취 : 선수가 손끝이나 위팔(상완)의 모세혈관으로 소량의 혈액만 채취하여 분석하는 방법 피부 아래 모세혈관에서 극소량의 혈액을 채취하므로 선수들이 편안함을 느낀다는 장점이 있음.

15. 한국도핑방지기구(KADA)의 검사대상명부(RTP : Registered Testing Pool) 및 검사대상후보명부(TP : Testing Pool)에 대해 설명하시오.

1) 주요 국제경기대회 출전 선수

2) 최상의 경기력을 유지하는 선수

3) 소재지정보 제출 의무를 준수하지 않거나, 제출 이력이 검사회피의 목적으로 의심되는 선수

4) 은퇴 및 제재 후 복귀하는 선수 또는 도핑방지규정위반 이력의 선수지원요원과 관계되는 선수

5) 선수의 검사 이력 결과, 또는 제보 및 정보활동으로 명부에 필요한 선수

　　※ KADA(Korea Anti-Doping Agency) : 한국도핑방지기구

　　　WADA(World Anti-Doping Agency) : 세계도핑방지기구

16. 도핑 검사 과정에 대해 설명하시오.

① 도핑 검사 계획 : 연 단위 도핑검사 계획 수립(검사시기 별, 시료유형 별 등)

② 검사관 배정 : KADA인증 검사관, 선수 성별 고려

③ 대상자 선정 : 무작위, 등위, 표적 선정

④ 선수통지 및 동반 : 검사관은 도핑검사 통지 및 동반, 선수 권리와 의무 설명

⑤ 시료제공 입회 : 부정행위 확인, 소변시료 최소 90㎖ 확인

⑥ 도핑검사 서류작성 : 선수 개인정보 및 시료분석 정보 작성

⑦ 시료운송 : WADA 인증 분석기관으로 시료운송

⑧ 시료분석 : WADA '시험실 국제표준'에 따라 시료분석 실시

⑨ 결과관리 : 국제표준 이탈여부 및 치료목적사용면책 승인여부 확인

⑩ 시료장기보관 : 최대 10년

17. 도핑검사 마지막 단계인 시료채취를 보관년수와 그 이유를 설명하시오.

• 채취된 시료는 10년까지 보관하며 그 이유는 시료는 '언제든지' 재분석이 일어날 수 있기 때문

※ 검사 당시 음성 판정된 시료라도 추후 금지약물 검출이 확인되면 당시 경기 실적을 박탈 당할 수 있음

18. 도핑 소변검사를 혈액검사로 대체 가능한지 설명하시오.

• 선수는 시료의 종류를 임의로 선택할 수 없음. 만약 소변이 나오지 않는다면 도핑검사관의 안내에 따라 수분(개별포장된 음료)을 섭취하고 다시 소변시료 제공이 가능하도록 대기 및 준비해야 함.

19. '의도하지 않은 도핑'에 대해 설명하시오.

• 선수 부주의 또는 실수로 금지 약물을 섭취하여 도핑 테스트에 양성 반응이 나오는 것으로 질병이나 부상 치료 과정에서 일어나곤 하는데 도핑 위반 행위는 선수의 고의성 여부와는 무관하게 성립되므로 책임을 져야 한다.

20. 도핑방지규정위반 제재 기준

(1) 첫 번째 적발

도핑방지규정 위반 사항	기본 자격정지기간
선수의 소재지정보 불이행이 발생하는 경우	2년
선수가 금지약물 또는 금지방법을 사용 또는 사용 시도하는 경우	2년 또는 4년
선수가 시료채취를 회피 또는 거부하거나 시료채취에 실패하는 경우	2년 또는 4년
선수 또는 기타 관계자가 도핑관리 과정 또는 부정행위를 하거나 부정행위를 시도하는 경우	2년 또는 4년
선수 또는 선수지원요원이 금지약물 또는 금지방법을 보유하는 경우	2년 또는 4년
선수 또는 기타 관계자가 금지약물 또는 금지방법을 부정거래하거나 부정거래를 시도한 경우	4년 ~ 영구
남용약물을 경기시간 외에 섭취 또는 사용하였고 종목의 경기력과 무관했음을 증명할 경우	3개월

(2) 두 번째 적발

① 6개월

② 첫 번째 도핑방지규정위반에 대하여 부과된 자격정지기간에 두 번째 도핑방지규정위반이 첫 번째 위반이었다면 적용되는 자격정지기간을 합산한 기간

③ 두 번째 도핑방지규정을 첫 번째 위반으로 가정할 경우 적용되는 자격정지기간의 두 배

(3) 세 번째 적발 → 영구 정지

21. 치료목적사용면책(TUE : Therapeutic Use Exemptions)에 대해 설명하시오.

- 선수가 금지약물 또는 금지방법의 사용이 필요한 의학적 상태에 있고, 「치료목적사용면책 국제표준」 또는 세계 도핑방지규약 제4.4조에 따른 조건을 충족하는 경우에 치료목적으로 금지약물 또는 금지방법의 사용을 허가하는 것 치료목적사용면책 결정은 예외적인 경우를 제외하고는 신청서 및 구비서류가 접수된 후 21일 이내에 결정해야 한다.

22. 치료목적사용면책 승인 조건에 대해 설명하시오.

1) 금지약물 또는 금지방법이 관련 임상 증거에 따라 진단된 질병 치료목적으로 사용이 필요할 것

2) 금지약물 또는 금지방법의 치료목적사용이 건강상태로 회복 이상의 추가적 경기력 향상을 일으키지 않을 것

3) 선수의 질병 치료에 사용 가능한 적절한 대체 치료가 없을 것

4) TUE를 신청한 사유가 기존의 TUE 승인 없이 사용한 금지약물 또는 금지방법에 의한 것이 아닐 것

23. 치료목적사용면책위원회(TUEC : TUE Committee)

- 한국도핑방지위원회는 임상, 스포츠 및 스포츠의학에 대한 학식과 경험이 풍부한 의사로 구성된 TUEC를 설치하여 운영한다. TUEC는 「치료목적사용면책 국제표준」에 독립적으로 판정하며 한국도핑방지위원회는 해당 결정에 관여하지 않는다.

24. 소재지정보에 대해 설명하시오.

- 도핑검사를 효과적으로 수행하기 위하여 한국도핑방지위원회(KADA)는 선수의 정확한 위치를 파악하기 위한 목적으로 '소재지정보(Whereabouts)'를 관리하고 있으며, 소재지정보 제출 대상 선수는 지정된 마감기한까지 소재지정보를 제출하고 소재지가 변경되면 즉시 변경해야 한다.
- 소재지정보는 세계도핑방지기구(WADA)의 웹 기반 시스템인 ADAMS(Anti-Doping administration & Management System, 도핑방지행정관리시스템)를 통하여 온라인 PC 또는 모바일로 직접 제출한다.

25. 소재지정보 불이행에 대해 설명하시오.

1) 제출불이행(Filing Failure)
   ① 정당한 사유 없이 KADA가 지정한 마감기한 내에 소재지정보를 제출하지 않은 경우
   ② 매일 검사를 받을 수 있는 특정 60분 단위시간과 구체적인 장소를 기입하지 않은 경우
   ③ 검사불이행을 초래할 수 있는 부정확 또는 불충분한 소재지정보를 제출한 경우
2) 검사불이행(Missed Test) : 정당한 사유 없이 선수가 지정한 소재지에서 특정 60분 단위시간 동안 검사를 받지 못한 경우

26. 소재지정보 불이행에 대한 제재에 대해 설명하시오.

- 12개월의 기간 동안 3번의 소재지정보 불이행을 범하는 경우 자격정지기간은 2년이며 과실 정도에 따라 최소 1년으로 감경될 수 있다.

27. 금지목록 국제표준에 대해 설명하시오.

- 스포츠에 적용되는 금지약물과 금지방법을 명시한 세계도핑방지기구의 국제표준이다. 세계도핑방지기구는 과학, 의료, 도핑방지 분야 전문가 의견을 종합하여 어떠한 약물이나 방법이 아래 기준 중 두가지 이상을 만족한다고 판단하는 경우에 금지목록에 포함시킨다.
   1) 선수의 경기력을 향상시키거나 경기력을 향상시키는 잠재력을 가지고 있는 경우
   2) 선수의 건강에 실제적 또는 잠재적인 위험이 되는 경우
   3) 세계도핑방지규약에서 정의하는 스포츠 정신에 위배되는 경우

28. 대표적인 금지약물 3가지를 제시하고 부작용을 설명하시오.

1) 동화작용제(아나볼릭제제) → 고혈압, 심장질환 위험 증가, 심한 여드름

2) 성장인자(성장호르몬) → 심장질환, 관절약화, 당뇨

3) 이뇨제 → 저혈압, 심각한 탈수증상

29. 경기인에 대해 설명하시오.

- 경기인은 선수, 지도자, 심판, 선수 관리담당자를 모두 포함한다.

  1) 선수 : 대회 참가 등 선수활동을 해당 회원종목단체에 등록한 사람

  2) 지도자 : 해당 회원종목단체의 지도자 활동을 목적으로 등록한 사람

  3) 심판 : 해당 회원종목단체의 심판 활동을 목적으로 등록한 사람

  4) 선수관리담당자 : 체육지도자 외에 선수들의 체력 및 건강을 위하여 선수를 관리하는 사람으로 선수관리담당자 활동을 목적으로 등록한 사람

30. 경기인 등록 규정의 목적에 대해 설명하시오.

- 선수·지도자·심판의 등록 활동 등에 관한 기준과 절차를 정함으로써 건전하고 효율적인 선수·지도자·심판 육성과 우리나라 체육의 균형 발전을 도모하는 것이다.

31. 경기인 등록 구분에 대해 설명하시오.

- 협회는 연령(다만, 연령 기준은 출생 연도를 기준으로 한다, 이하 같다) 등을 기준으로 하여 각 부를 둔다. 다만, 다음 각 호의 연령을 초과하지 않은 범위 안에서 협회의 특성에 따라 별도의 부를 둘 수 있다.

  1) 12세 이하 부 ㅏ 육성목적으로 구분
  2) 15세 이하 부 ㅣ

  3) 18세 이하 부 ㅏ 생활체육, 전문체육으로 구분
  4) 대학부 ㅣ 생활체육등록자는 생활체육대회만 참가 가능
  5) 일반부 ㅣ 전문체육등록자는 전문체육대회만 참가 가능

32. 경기인 등록 기간 및 절차에 대해 설명하시오.

1) 전문체육
   - 1차 : 2026년 4월 10일(금)까지
   - 2차(추가) : 2026년 7월 10일(금)부터 30일(목)까지
2) 생활체육, 지도자, 심판, 선수관리담당자 : 상시 등록
3) 경기인 등록 절차
   ① 본인이 직접 등록시스템(대한체육회 스포츠 지원 포탈)을 통해 등록신청서를 시·도지부에 제출한다.
      1차(시·도지부), 대한보디빌딩협회(2차) 승인이 완료되면, 선수 등록 완료
   ② 본인 확인이 불가한 경우에는 사유서, 등록신청서, 동의서를 시도지부에 제출한다.

33. 경기인 등록의 결격 사유에 대해 설명하시오.

1) 선수·심판·지도자·선수관리담당자로서 제명의 징계를 받은 사람
2) 관계단체로부터 자격정지를 징계를 받고 그 처분이 종료되지 않은 사람
3) 각종 범죄(폭력, 성 관련, 승부 조작, 횡령·배임 등)로 인해 징계를 받은 사람
4) 심판 및 선수 중복 등록이 된 사람

34. 경기인 등록 결격 사유를 위반한 경우에 대한 징계 조치를 설명하시오.

• 경기인 등록 규정을 위반한 경우에는 1년 이상 5년 이하 등록금지 조치를 처분한다.

01. 스포츠 인권 침해에 대해 설명하시오.

- 경기 실적을 빌미로 선수 및 보호자에게 협박, 갑질, 폭행, 체벌, 기합, 과도한 훈련을 하는 것을 의미한다.

02. 스포츠 갑질에 대해 설명하시오.

- 갑질이란 우월적 지위에 있는 사람이 권한을 남용하거나, 우월적 지위에서 비롯되는 사실상의 영향력을 행사하여 상대방에게 행하는 부당한 요구나 처우를 말함. 스포츠 현장에서는 지도자–선수, 지도자–학부모 등 다양한 관계에서 발생할 수 있음.

03. 스포츠윤리센터에 대해 설명하시오.

- 체육계 비리 및 인권침해를 조사하고 가해자 처벌 현실화, 피해자의 회복을 돕기 위한 심리 · 정서 · 법률 등 종합적 지원을 하는 기관이다. 즉, 체육의 공정성 확보와 체육인의 인권보호에 기여함.

04. 스포츠 공정위원회에 대해 설명하시오.

- 스포츠계 전반의 공정성 확립을 위해 법제, 포상, 징계 등의 공정한 심의를 진행하는 기관으로 체육회 각종 규정을 관리하고 체육회와 체육회 관계단체 등 개인의 공적에 대한 포상, 개인의 비리에 대한 징계를 주로 심의한다.

05. 스포츠 폭력에 대해 설명하시오.

- 스포츠인을 대상으로 폭행 및 감금, 갈취, 협박 등 정신적 · 신체적 · 금전적으로 피해를 가하는 행위

중요 06. 스포츠 폭력의 원인에 대해 설명하시오.

1) 폭력의 재생산 : 지도자 및 선수들의 구시대적인 사고 방식과 폭력의 악순환
2) 묵인 : 불이익을 두려워하거나 신고해도 소용없을 것 같다는 생각
3) 정당화 : 경기력 향상, 정신력 강화의 명목으로 인한 정당화, 권위주의적 위계질서에 대한 정당화

07. 스포츠 폭력 유형에 대해 설명하시오.

1) 신체적 폭력 : 신체적 트라우마 또는 부상을 야기시키는 행위 예 밀치기, 발로차기, 때리기 등

2) 방관자 입장의 폭력 : 폭력을 암묵적으로 묵인하거나 지지하는 행위 예 보고도 못 본 척하기, 도움 요청 거절하기 등

3) 정신적 폭력 : 심리적, 감정적인 학대를 하는 것 예 욕설로 인한 감정 상하게 하기, 따돌림 시키기, 원치 않은 행위를 강요하기 등

08. 스포츠공정위원회에서 제시한 스포츠 폭력에 대한 징계기준을 설명하시오.

징계대상		징계기준	
지도자, 선수, 심판, 선수 관리 담당자	1	- 흉기 등 위험한 물건을 사용하여 폭행한 경우 - 상습적으로 폭행한 경우 - 2명 이상 집단으로 폭행한 경우 - 이외 매우 비난할 만한 동기에 의해 이루어진 경우	제명
	2	- 폭력 행위가 치료기간 2주 이하의 경미한 상해에 그친 경우 - 폭력 행위가 우발적이고, 특별하게 참작할 수 있는 이유가 있는 경우	6개월 이상 1년 이하의 출전정지 또는 1년 이상 5년 이하의 자격정지
	3	언어폭력이 상습적으로 이루어진 경우	1년 이상 3년 이하의 자격정지
	4	언어폭력 행위가 우발적으로 발생한 경우, 그 밖에 이에 준하는 경미한 경우	3개월 이상 1년 이하의 출전정지 또는 3개월 이상 1년 이하의 자격정지

09. 스포츠 폭력 예방법을 설명하시오.

(1) 지도자

- 경기력 향상 또는 팀의 단합을 이유로 기합이나 가혹행위(구타와 욕설)을 하지 않는다.
- 지도자는 훈련이나 경기 과정에서 사전에 선수에게 훈련 및 경기의 목표와 방법, 과정 등을 자세히 설명하고 충분한 의견을 수렴한다.
- 선수가 감당할 수 없을 정도의 신체적, 정신적 고통을 주는 과도한 훈련을 하지 않는다.
- 지도자는 특정 선수를 편애하지 않으며 훈련 시 모든 선수들에게 골고루 시간을 할애하여 지도한다.

(2) 선수

- 경기력 향상 또는 팀의 단합을 이유로 기합이나 가혹행위(구타와 욕설)를 하지 않는다.
- 상대방에게 욕설을 하거나 고함을 지르지 않고 물건 집어 던지기 및 파손, 자해 등 다른 선수에게 위협과 공포를 줄 수 있는 행위를 하지 않는다.
- 경기 및 훈련 준비와 정리는 선수 각자가 역할을 부여 받아 동등하게 수행한다.
- 선수 개인의 가방과 훈련 장비는 스스로 관리하고, 다른 선수에게 들게 하거나 사적인 심부름을 시키지 않는다.
- 합숙 기간 동안 사용하는 숙소의 정리정돈 및 청소는 사용한 선수 본인 스스로 정비하고 다인실인 경우 선후배에 관계없이 역할을 동등하게 분담하여 정비한다.
- 다른 선수에게 음주와 흡연을 절대 강요하지 않는다.
- 지도자의 허락 없이 합숙소를 무단으로 이탈하면서 다른 선수를 협박이나 위협하여 함께 무단으로 이탈할 것을 강요하지 않는다.

(3) 학부모

- 평소에 자녀와 대화를 많이 하고 자녀가 자기표현할 수 있도록 교육한다.
- 자녀가 피해사실을 알리면 불이익을 받을 수 있다 하더라도 피해사실을 숨기지 않도록 교육한다.
- 자녀의 훈련방법과 시간 및 장소 등 중요사항에 대해서는 지속적인 관심을 갖도록 한다.
- 자녀에게 후배선수들을 때리거나 괴롭혀서는 안 됨을 인식시킨다.
- 자녀의 경기력 향상을 등을 이유로 지도자에게 선수 체벌을 요청하거나 절대 권장 하지 않는다.

10. 스포츠 폭력 대처법(발생 시 처리 절차)에 대해 설명하시오.

① 사건 발생

- 안전 확보 → 사건 상황에서 벗어나기

② 사건 신고

- 상황 신고하기 → 스포츠 인권센터, 경찰

- 주변에 도움 요청하기 → 학부모, 지도자, 동료

③ 초기 대응 및 긴급조치

- 증거 확보하기 → 발생한 상황을 기록하여 조사에 협조

- 치료하기 → 사건으로 인한 외상이나 심리적인 상처 치료

④ 사건 조사 및 처리

- 스포츠 윤리센터 및 수사기관에서 조사

- 사건의 처리 → 스포츠공정위원회규정에 따라 가해자에 대한 징계 처리

⑤ 사후 관리

- 의료기관 및 상담센터에 도움을 받아 치유와 회복

11. 성희롱, 성추행, 성폭행, 성폭력에 대해 설명하시오.

- 성희롱 : 성적 언어나 행동으로 성적 굴욕감을 느끼게 하는 행위
- 성추행(강제추행) : 물리적으로 신체를 가하여 상대방의 성적 수치심을 불러 일으킴
- 성폭행 : 폭행 또는 협박으로 성관계를 강요하는 경우
- 성폭력 : 성희롱, 성폭행, 성추행 모두 포함하는 개념

12. 스포츠 성폭력에 대해 설명하시오.

- 스포츠 영역에서 자신의 지위와 권력 등을 이용하여 타인의 동의 없이 언어적·신체적·정신적으로 성적 자기 결정권을 착취하는 행위

중요

13. 스포츠 성폭력의 원인에 대해 설명하시오.

1) 힘의 차이 : 물리적인 힘 혹은 사회적인 힘의 불균형으로 인해 발생

2) 성차별적 문화 : 여성 또는 남성에 대한 고정된 성 관념으로 인한 특정한 언행이 강요되거나 금지됨.

3) 왜곡된 성 인식 : 성에 대한 잘못된 인식으로 불쾌감 또는 상해를 입힘.

14. 스포츠 성폭력 유형에 대해 설명하시오.

1) 신체적 성폭력 : 신체적 트라우마나 부상을 야기할 수 있는 성적인 폭행 예 강간, 성추행

2) 정신적 성폭력 : 성적인 말과 행동 등으로 성적 굴욕감을 주는 행위 예 언어적 성희롱, 시각적 성희롱

3) 디지털 성폭력 : 카메라나 인터넷 같은 디지털 매체를 이용하여 상대방 동의 없이 불법 촬영하여 유포하는 행위

   예 음란 사진 및 영상 공유

4) 2차 피해 : 피해자가 성폭력 사건처리 및 회복 과정에서 입는 정신적·신체적·사회적 피해를 말함.

   예 집단따돌림, 폭행 또는 폭언, 주의대상자 명단작성, 선수박탈과 같은 신분상의 불이익 조치 등

15. 스포츠공정위원회에서 제시한 스포츠 성폭력, 성추행, 성희롱 행위에 대한 징계를 설명하시오.

구분	지도자, 선수, 심판, 선수관리담당자	
성폭력	- 강간, 유사강간 및 이에 준하는 성폭력 행위 - 극도의 성적수치심을 일으키게 하는 행위(범행 과정 촬영 또는 유포 등) - 피해자가 미성년자인 경우 - 비난 동기가 중대한 경우	제명
성추행	아래 경우에 해당하지 않은 성추행의 경우	3년 이상 5년 이하의 자격정지
성추행	성추행의 정도가 약한 경우나 우발적으로 발생한 경우	6개월 이상 1년 이하의 출전정지 또는 1년 이상 3년 이하의 자격정지
성희롱	아래 경우에 해당하지 않은 성희롱의 경우	1년 이상 3년 이하의 자격정지
성희롱	성희롱의 정도가 약한 경우나 우발적으로 발생한 경우	3개월 이상 1년 이하의 출전정지 또는 3개월 이상 1년 이하의 자격정지

16. 스포츠 성희롱·성폭력의 예방법에 대해 설명하시오.

(1) 지도자

- 선수에게 성적 불쾌감을 유발할 수 있는 신체 부위에 대한 언급이나 지적은 하지 않는다. 단, 부상의 확인 또는 교육목적에 부합할 때는 불가피하게 언급할 수 있음.
- 선수에게 성적 수치심을 주는 부적절한 언행(신체 부위에 관한 별명 등)은 삼가야 한다.
- 감독 및 코치실과 같은 밀폐된 공간에서는 개별면담을 피하고 부득이 한 경우 적정 거리를 유지하고 출입문을 개방한다.
- 마사지나 물리치료는 전문 자격을 가진 사람이 선수 및 감독의 동의를 받고 시행해야 하며 전문 자격이 없는 지도자가 시행해서는 안 된다.
- 락커룸 및 샤워실에 이성 지도자는 어떠한 이유에서라도 들어가지 않아야 한다.
- 선수의 숙소에 사전 동의 또는 선수의 요청 없이 방문하거나 들어가지 않아야 한다.
- 성적 수치심을 유발 할 수 있는 발언, 글, 사진, 동영상을 개인 메신저 및 채팅방에 공유하지 않아야 한다.

(2) 선수

- 경기나 훈련 중 성적인 농담이나 신체 특정 부위, 특정 행동 등이 연상되는 언어는 사용하지 않아야 한다.
- 동료선수의 동의 없이 사진 및 동영상을 촬영하지 않아야 한다. 만약 촬영이 필요한 상황이라면, 불쾌감을 느낄 수 있는 사진, 동영상은 삭제한다.
- 락커룸이나 샤워실에서 보게 된 동료선수의 신체 특정부위(가슴, 엉덩이 등)를 평가하거나 타인에게 언급하지 않아야 한다.
- 이성 숙소의 숙소에 출입하지 않으며 동성 선수 숙소에 들어갈 때도 반드시 동의를 구해야 한다.
- 훈련 시간 이외 이성 간 사적인 만남은 한쪽의 일방적 요구로 이루어져서는 안 된다.
- 동료선수의 신체 특정부위(가슴, 엉덩이 등)를 언급하는 내용 및 사진 동영상 등은 SNS에 업로드 하거나 공유하지 않아야 한다.

(3) 학부모

- 자녀에게 성희롱·성폭력에 대한 명확한 인식을 심어주고 그러한 행위를 하거나 그러한 행위의 대상이 되지 않도록 자세히 교육해야 한다.
- 자녀가 지도자와 공식 경기 마친 후 훈련시간/장소 외에 사적 만남을 갖지 않도록 교육한다. 진학지도 및 개별훈련 등 부득이한 경우에는 보호자가 반드시 동행한다.
- 지도자가 성범죄 전적이 있는지 확인한다.(여성가족부 '성범죄자 알림e' 사이트 참조)
- 성희롱·성폭력 전담 신고상담센터/기관 및 스포츠 관련 조직의 도움을 받을 수 있는 방법을 알아둔다.
- 선·후배 또는 동료가 지도자에게 성희롱·성폭력을 당할 경우 본인의 잘못이 아니고 상대방이 부당한 행동을 하는 것임을 주지시켜야 한다.
- 자녀가 성희롱 또는 성폭력을 당했을 경우 부모에게 바로 알리도록 교육하며, 부모는 자녀의 피해 사실을 대한체육회 스포츠인권센터, 해바라기 센터, 성폭력 상담소, 수사기관, 학교장(소속단체장) 등 관련 기관에 신고해야 한다.

17. 스포츠 성폭력 사건 피해 발생 시 처리 절차

① 사건 발생

- 안전 확보 → 사건 상황에서 벗어나기

② 증거 확보

- 응급대응 → 성폭행(강간 등)의 경우 불편하더라도 몸을 씻지 않고, 피해 옷차림 그대로 즉시 병원 방문

- 증거 확보하기 → 사건으로 인해 피해 기록 혹은 증거자료 확보

③ 상황 신고하기

- 상황 신고하기 → 스포츠 인권센터, 해바라기센터 한국성폭력상담소, 경찰

- 주변에 도움 요청하기 → 학부모, 지도자, 동료

④ 사건 조사 및 처리

- 스포츠 윤리센터 및 수사기관, 해바라기센터에서 조사(학생일 경우 교육청 학교폭력대책자치위원회 조사)

- 사건의 처리 → 스포츠공정위원회규정에 따라 가해자에 대한 징계 처리

- 치료하기 → 사건으로 인한 외상이나 심리적인 상처 치료

⑤ 사후 관리

- 의료기관 및 상담센터에 도움을 받아 치유와 회복

18. 성 그루밍이란?

• 피해자와 친분을 쌓아 심리적으로 지배를 한 후 언어적·신체적 성적 착취를 가하는 행위

19. 성인지 감수성이란?

• 성별간 불평등에 대해 인지하고 일상 생활에서 성차별적 요소를 감지해내는 민감성

01. 생활체육 정의를 설명하시오.

- 나이, 성별과 관계없이 건강과 체력을 증진시키기 위해 자발적으로 참여하는 체육활동 전체를 생활체육이라고 한다.

02. 생활체육 목표를 설명하시오.

1) 건강과 체력 증진
2) 건전한 여가생활
3) 공동체 의식의 증진

아주 중요

03. 생활체육의 기능을 설명하시오.

1) 사회적 기능 : 사회 구성원이 조화를 이루어 살아가도록 공동체 의식을 강화시켜 국민 화합을 이루어낸다. 스포츠에 대한 올바른 규범을 학습하여 준법정신을 함양한다.
2) 생리적 기능 : 운동량이 부족한 사회 구성원에게 적정량의 신체 활동을 제공하여 신체적 건강을 유지 및 증진시킨다. 성인병을 예방하고 질병 치료의 보조적인 역할을 한다.
3) 심리적 기능 : 긴장, 갈등, 스트레스 등을 안정시킨다. 정서적 균형을 유지시키며 자존감 형성에 도움을 준다. 함께 참여하는 사회 구성원들 간의 친밀감, 연대의식, 우애 등 유대감을 형성한다.

중요

04. 생활체육의 3요소를 설명하시오.

- 시설, 프로그램, 생활체육지도자이다.

05. 생활체육 활성화 방법을 설명하시오.

1) 생활체육시설의 개방 및 확충
2) 다양한 프로그램 개발 및 보급
3) 생활체육 동호인 조직 활성화
4) 생활체육 홍보 및 정보서비스망 활성화
5) 스포츠지도자 관리 및 체계적인 활용

06. 생활체육 프로그램의 개념에 대해 설명하시오.

- 시간적·공간적 제약을 극복하고 모든 사람들이 연령·계층 상관없이 체육을 즐기고 실천하는데 수반되는 수단과 방법이다.

중요
07. 생활체육의 프로그램 구성 원리를 설명하시오.

1) 평등성 : 모든 사람이 참여

2) 창조성 : 창조적인 체육 활동 도모

3) 욕구반영성 : 참가자 욕구 반영

4) 다양성 : 일률적 방법이 아닌 다양한 프로그램 개발

5) 전문성 : 전문가에 의한 운영 및 감독

6) 평가성 : 프로그램에 대한 지속적이고 객관적인 평가

7) 보완성 : 프로그램 평가 이후 지속적인 수정 및 보완

8) 편의성 : 쉽게 참여 가능

9) 전달성 : 더 많은 사회구성원에게 보급

10) 자발성 : 사회 구성원이 자발적으로 체육활동 참여

아주 중요
08. 생활체육 프로그램 기획 단계에 대해 설명하시오.

① 프로그램 목적 및 철학 이해 : 프로그램 방향성 설정

② 요구 조사 : 참가자 요구 파악 및 프로그램 내용과 방식 결정

③ 프로그램 목적 및 목표 설정 : 목표를 달성하기 위한 구체적인 전략 수립

④ 프로그램 계획 : 프로그램 실행 전 구성 요소를 확인하고 시뮬레이션을 통해 오류 최소화

⑤ 프로그램 실행 : 물리적 공간의 확보, 동선, 참가자 및 지도자 모집, 다양한 분야에 주의

⑥ 프로그램 평가 및 피드백 : 프로그램의 평가를 통한 수정 · 보완

09. 생활체육 지도자의 역할에 대해 설명하시오.

1) 생활체육 프로그램 개발

2) 전문적 지식 전달

3) 체력진단 및 운동처방

4) 체육시설 운영 및 관리

5) 사고예방 및 안전 관리

중요
10. 생활체육 지도자의 자질에 대해 설명하시오.

1) 의사전달능력

2) 도덕적 품성

3) 공정성

4) 사명감

5) 활달하고 강인한 성격

6) 자기 통제력

11. 생활체육 지도의 원리를 설명하시오.

1) 개인차를 고려하여 지도한다.

2) 과학적이고 체계적인 방법으로 지도한다.

3) 자발적 참여를 할 수 있도록 지도한다.

4) 정확하고 올바른 지식을 전달한다.

12. 생활체육 지도자가 받아야 할 교육을 설명하시오.

- 도핑방지교육, 성폭력예방교육, 인성교육, 응급처치교육, 리더십교육

13. 연령대별(생애주기별) 생활체육 프로그램 목적을 설명하시오.

1) 유아기 : 기본 운동능력이 발달하는 시기로 놀이중심으로 건강한 성장 기반 마련

2) 아동기 : 다양한 스포츠 활동을 통한 기초 체력과 사회성 발달

3) 청소년기 : 2차 성징 발현기로 신체적 및 정서적 균형 발달

4) 성인기 : 건강 유지와 삶의 질 향상, 유산소와 저항운동을 통한 신체 밸런스 강화

5) 노년기 : 레크레이션을 통한 근력과 유연성 유지, 고립감 해소 및 사회 참여 확대

14. 생활 체육 관련 용어 설명

용어	내용
Sport for All	모든 사람을 위한 스포츠로 성·연령·계층·사회적 지위에 관계없이 전 생에 걸쳐 모든 사람이 누구나 자유 의지로 스포츠에 참가할 기회와 권리를 보장해 주는 개념
피트니스 (Fitness)	밸런스가 잡힌 건강한 신체를 만들어 내는 운동 개념
에어로빅 (Aerobics)	몸 안에 최대한 많은 양의 산소를 공급하여 유산소 기능(폐와 심장 능력)을 촉진시켜 신체의 건강을 증진시키는 운동
웰니스 (Wellness)	Well-being + Fitness를 결합한 말로 행복하고 건강한 삶을 뜻하며 신체적 · 정신적 · 사회적으로 건강한 상태를 만드는 개념

15. 2024년 파리 올림픽 아젠다에 대해 설명하시오.

- 파리 올림픽은 IOC(국제올림픽위원회)의 전략적 로드맵인 2020+5를 실제로 구현한 올림픽 모델
- 5가지 특징
  1) 지속가능한 올림픽(기존 시설 활용, 탄소 배출 최소화)
  2) 비용 절감(경기장 건설 최소, 도시 인프라 활용)
  3) 도시 중심 올림픽(랜드마크 활용)
  4) 선수 중심 올림픽(선수 보호, 도핑 방지)
  5) 디지털 올림픽(AI 활용)

> 2020+5 올림픽 아젠다 핵심 방향
> - 연대
> - 디지털화
> - 지속가능성
> - 신뢰성
> - 경제 및 재정 회복력

아주 중요
01. 응급 처치(First aid) 필요성에 대해 설명하시오.

• 갑자기 발생한 부상이나 질환에 대해 최소한의 긴급 처치를 하는 것을 말하며 부상 정도가 더 악화되는 일을 막고 생명을 구하는 행동이다. 대표적으로 지혈, 심폐소생술 등이 있다.

중요
02. 응급 상황 시 행동 요령(3C)에 대해 설명하시오.

① Check : 현장과 부상자를 확인, 의식 · 호흡 · 출혈 확인

② Call : 119에 신고 하고 주변 사람에게 도움 요청

③ Care : 119도착 전 가능한 범위 내에 응급처치하고 돌봄

아주 중요
03. 의식이 없는 환자에 대한 응급 처치법(심폐소생술) 순서에 대해 설명하시오.

① 의식 확인 : 현장의 안전을 확인한 후 환자에게 다가가 '여보세요, 괜찮으세요?' 물어보고 의식이 없으면 심정지 가능성 판단

② 119 신고 : 의식이 없다면 큰 소리로 주변 사람을 구체적인 인상 착의를 통해서 지목하여 신고 요청한다. 주변에 아무도 없는 경우에는 직접 119로 신고하고 주위에 자동심장충격기(자동제세동기)가 비치되어 있다면 가져온다.

③ 호흡 확인 : 쓰러진 환자의 얼굴과 가슴을 10초 이내에 관찰하여 호흡이 있는지 확인한다. 호흡 확인 식별이 어려울 경우 응급 의료 전화상담원의 도움을 받는다,

④ 가슴압박 30회 시행 : 환자를 바닥이 단단하고 평평한 곳에 등을 대고 눕힌 뒤에 가슴뼈(흉골)의 아래쪽 절반 부위에 깍지를 낀 두 손의 손바닥 뒤꿈치를 댄다. 양팔을 쭉 편 상태로 체중을 실어서 환자의 몸과 수직이 되도록 가슴을 압박하고 분당 100~120회 속도로 약 5cm 깊이로 강하고 빠르게 시행한다.

⑤ 인공호흡 2회 시행 : 환자의 머리를 젖히고, 턱을 들어 올려 환자의 기도를 개방시킨다. 환자의 코를 막고 입을 벌려 가슴이 올라올 정도로 1초 정도 숨을 불어넣고 환자의 가슴이 부풀어 오르는지 확인한다. 혹시나 인공호흡 방법을 모르거나, 어려운 상황일 경우에는 지속적으로 가슴압박만 실시한다.

⑥ 가슴압박과 인공호흡 반복 : 119 구급대원이 현장에 도착할 때까지 실시한다. 다른 구조자가 있을 경우에 역할을 교대하면서 실시한다.

⑦ 회복자세 : 심폐소생술로 호흡이 회복되었다면 환자를 옆으로 돌려 눕혀 기도(숨길)가 막히는 것을 예방한다. 환자의 반응과 정상적인 호흡이 다시 없어진다면 심정지가 재발한 것으로 신속히 가슴압박과 인공호흡을 다시 시작한다.

04. AED(Automated External Defibrillator, 자동심장충격기) 작동법과 주의사항을 설명하시오.

1) 작동법 : 전원을 키고 패드를 오른쪽 쇄골 밑, 한쪽은 왼쪽 유두 옆 겨드랑이선에 부착 → 리듬분석 실시하고 기계의 안내에 따라 심장충격 실시 → 충격 직후에는 가슴 압박 바로 실시

2) 주의사항

① 패드 부착 시 환자 몸에 물이 묻지 않았는지 확인한다.

② 금속물질 소지여부 확인한다.

③ 리듬분석 및 충격 시 주변에 사람이 접촉하지 않도록 확인한다.

05. RICES 응급 처치법에 대해 설명하시오.

• RICES 응급 처치법은 골절, 염좌, 타박상 환자에게 붓기와 통증을 줄이기 위한 사용법이다.

① Rest(안정) : 부위 즉시 사용 중단

② Ice(얼음찜질) : 얼음팩을 수건으로 감싸서 15-20분 여러 번

③ Compression(압박) : 탄력붕대를 이용하여 적당히 압박

④ Elevation(거상) : 손상 부위를 심장보다 높게 올림

⑤ Splint(고정) : 테이핑이나 보호대로 상처 부위를 고정

※ PRICES는 RICES 개념에서 Protection(보호)를 더한 개념

06. 출혈 환자의 응급처치 방법은?

• 내출혈시에는 환자를 눕힌 후, 상처부위를 심장보다 높이 올리고 호흡, 맥박, 의식을 체크한다.

• 외출혈시에는 상처부위를 소독한 후 압박을 진행하고 상처부위를 심장보다 높게 한 다음 붕대를 감아 지혈하여 감염을 예방한다.

07. 저혈당 쇼크의 정의와 응급 처치에 대해 설명하시오.

• 저혈당은 혈당이 정상인보다 낮은상태를 뜻하며 쇼크가 발생할 경우 가슴 두근거림, 식은땀을 동반한 어지러움이 발생하고 온몸이 떨리거나 기운이 빠지게 됨. 심하면 의식을 상실하며 사망에 이르게 될 수 있다.

→ 빠른 시간 안에 당질이 함유된 제품을 섭취하고 휴식을 취해야 함. 의식이 없다면 음식 섭취를 금지하고 119에 요청을 하여 의료진 지시에 따라야 한다.

08. 쇼크 종류와 응급처치에 대해 설명하시오.

(1) 출혈성 쇼크

외상 후 쇼크의 가장 흔한 원인으로 순환기 내에 체액이 부족하여 생기는 쇼크. → 가능한 한 빠르게 출혈 부위를 지혈하고 최대한 빨리 환자를 병원으로 이송해야 한다.

(2) 심인성 쇼크

심장의 펌프 기능을 상실하여 신체에 필요한 혈액을 충분히 공급하지 못하는 위험한 상태로 주로 심근경색이나 심부전과 같은 중증 심장 질환의 원인이 됨. → 즉시 119에 신고하고 상체를 약간 세운 자세를 유지하여 숨을 편하게 쉴 수 있도록 해야함.(다리를 올리는 자세는 심장 부담 증가) 의식 없으면 심폐소생술 실시

(3) 신경성 쇼크

신경전달체계에 이상이 생겨 혈관 조절이 원활히 이루어지지 않아 쇼크가 발생. 즉, 자율신경 전달체계가 통제를 벗어나면 혈관의 긴장도를 조절할 수 없게 되어 전신 혈관을 이완시키는 방향으로 작용하여 혈압이 심히 낮아질 수 있음. → 저혈압에 의해 낙상사고가 일어날 수 있으니 눕힌 자세를 취하거나 몸을 고정시킨다. 혈관 확장으로 체온 손실이 크기 때문에 119가 도착할 때 까지 보온해야 한다.

(4) 패혈성 쇼크

균의 양이 면역체계의 수용량을 초과하여 혈액에 돌아다니는 걸 패혈증이라고 하는데 이 패혈증이 생기는 쇼크로 저혈압과 같이 발생함. → 감염에 의한 쇼크기 때문에 지연되면 매우 위험하다. 즉시 119에 신고하고 체온이 낮아진다면 따뜻한 담요로 덮어주어 119가 올 때까지 보온해야 한다. 환자가 의식을 잃었다면 낙상 사고를 예방하기 위해 몸을 고정하거나 눕혀야 한다.

09. 저체온증의 정의와 응급처치에 대해 설명하시오.

- 저체온증은 체온이 35도 이하로 떨어지는 상태를 뜻하며, 장시간 추위에 노출되거나 체온 조절이 어려운 환경에 있을 경우에 발생한다. 초기에는 손발이 저리고 떨지만, 심해지면 의식 혼란, 근육 경직, 호흡 저하 등 심각한 상황이 발생하게 된다.

    → 따뜻한 환경으로 이동, 핫팩, 담요, 옷으로 체온을 보존, 심한 경우 119신고 및 병원 이동

10. 기도 폐쇄 원인과 유형, 응급처치에 대해 설명하시오.

- 기도가 염증이나 이물질 등의 이유로 폐쇄되어 산소 공급이 차단된 상태를 뜻한다. 기도 폐쇄 유형으로는 부분 폐쇄와 완전폐쇄가 있다.

    1) 부분 폐쇄는 기도가 완전히 막히지는 않았지만 공기 통로에 어려움이 있는 상태를 뜻함 → 기침을 유도하거나 자발적으로 이물질 배출 유도

    2) 완전 폐쇄는 기도가 완전히 막혀 호흡이 불가능한 상황을 의미 → 하임리히법을 실시

11. 하임리히법에 대해 설명하시오.

- 하임리히법은 기도에 이물질이 막혔을 때(질식), 공기를 강하게 밀어 올려 이물질을 배출하는 응급처치 방법이다.

    ① 환자 뒤에서 감싸듯 안는 자세를 취한다.

    ② 한 손은 주먹을 쥐고 다른 한 손은 주먹 쥔 손을 감싼다.

    ③ 환자의 명치와 배꼽 중간 지점에 대고 위로 밀쳐 올린다.

    ④ 이물질이 나올 때까지 반복

중요 12. 화상의 종류와 응급처치에 대해 설명하시오.

1) 1도 화상: 피부의 표피 층에만 부상을 입는 것.

    → 차가운 흐르는 물로 10~20분 식히고 (얼음×) 깨끗한 거즈로 덮어서 관리한다. 보습 크림을 바르는 것도 회복에 도움을 줌.

2) 2도 화상 : 진피까지 손상을 입는 것으로 물집이 생기고 흉터가 남음.

    → 차가운 흐르는 물로 10~20분 식힌다. 물집은 터트리지 않고 연고를 바른 다음 깨끗한 붕대를 감아 회복한다.

3) 3도 화상 : 지방층까지 손상된 것으로 물집과 통증이 없고 피부가 하얗게 변하거나 검은색으로 변함.

    → 병원으로 즉시 이동

> 얼음은 오히려 피부 손상을 악화시킬 수 있음

> 물집은 화상 부위를 보호하는 방어막 역할을 하기 때문

중요 13. 골절 종류와 응급처치에 대해 설명하시오.

1) 개방성 골절 : 골절부위의 피부와 연부조직이 손상된 골절로, 뼈가 부러져서 피부를 뚫고 나온 것을 의미한다.

    → 즉시 119에 신고하고 깨끗한 거즈나 수건으로 지혈을 실시한다. 튀어나온 뼈를 만지지 말고 골절 부위와 근처 부위까지 전체를 고정한 후 병원으로 이송한다.

2) 폐쇄성 골절: 골절부위의 피부와 연부조직 손상이 없는 골절로 뼈가 부러지긴 했지만, 피부를 뚫고 나오지 않은 것을 의미한다.

    → 뼈를 바로잡으려는 행동을 하지말고 냉찜질 또는 움직이지 않게 부목으로 고정한 상태로 병원으로 이송한다.

구술

CHAPTER 02.
지도방법

중요 **01. 보디빌딩에 대해 설명하시오.**

- 바벨·덤벨 등의 기구를 사용하면서 다양한 방법을 통해 신체를 단련한 근육의 아름다움을 겨루는 스포츠이다.

02. 보디빌딩 기능적 효과에 대해 설명하시오.

- 근력, 근지구력, 순발력, 유연성 등 건강 관련 체력을 향상시킨다.

03. 보디빌딩 초보자에게 주의해야 할 점은?

- 무거운 중량은 부상 위험이 크므로 가벼운 중량으로 정확한 자세로 실시한다. 충분한 준비운동과 정리운동을 실시하고, 적절한 운동 강도를 설정한다. 점진적 과부하, 피라미드법, 분할훈련법 등을 통해 안전하게 운동 프로그램을 구성해야 한다. 또한 운동, 영양, 휴식 세가지 요소를 이해하고 지켜야 한다.

아주중요 **04. 웨이트 트레이닝 시에 프리웨이트 운동과 머신을 이용한 운동의 장·단점은?**

	장점	단점
프리웨이트	다양한 근육들을 자극해 근육의 밸런스를 향상시킴	정확한 자세로 실시하지 않으면 부상의 위험이 큼 → 초보자에게는 주의가 필요
머신	강도조절 및 사용방법이 쉬워 부상의 위험성이 낮고 원하는 부위를 자극하기 용이	프리웨이트에 비해서 근육의 협응력과 밸런스 발달에는 효과가 낮다

05. 운동기구를 잡는 그립의 종류는?

오버그립(over grip)	손이 기구보다 위에 위치한 그립
언더그립(under grip)	손이 기구보다 아래에 위치한 그립
뉴트럴그립(neutral grip)	기구(덤벨)가 서로 마주보게 잡는 그립
와이드그립(wide grip)	일반적인 그립보다 넓게 잡는 그립
클로즈그립(close grip)	일반적인 그립보다 좁게 잡는 그립
후크그립(hook grip)	손목을 꺾어서 갈고리처럼 잡는 그립
얼터네이트그립(alternate grip)	오버그립과 언더그립 교차해서 잡는 그립
섬리스그립(thumbless grip)	엄지손가락을 제외하고 잡는 그립

06. 동적 웨이트 트레이닝과 정적 웨이트 트레이닝의 효과는?

- 동적 웨이트 트레이닝은 등장성 운동을 뜻하며 근육의 장력은 일정하되 근육의 길이가 변하는 운동으로, 단축성 수축과 신장성 수축을 이용한다.
  - 단축성 수축(concentric contraction) : 근육이 수축하며 길이가 짧아지는 경우
  - 신장성 수축(eccentric contraction) : 근육 길이가 늘어나면서 수축하는 것
  - 예 바벨 컬 : 바벨을 들어올릴 때 상완이두근의 길이가 짧아지는 단축성 수축을 하는 반면, 바벨을 내려놓을 때는 상완이두근의 길이가 늘어나는 신장성 수축을 함.
- 정적 웨이트 트레이닝은 흔히 등척성 운동을 뜻하며 근육길이의 변화 없이 근육의 긴장을 유지하는 방식으로 재활환자들의 치료에 주로 활용된다.
  - 예 벽 밀기

07. 웨이트 트레이닝에서 근력, 근지구력, 근비대 훈련 방법의 차이를 설명하시오.

1) 근력은 고중량·저반복 훈련 프로그램 이용
   예 최대 중량(1RM)의 80~90% 강도로 Set당 3~5회
2) 근지구력은 저중량 · 고반복 훈련 프로그램 이용
   예 최대 중량(1RM)의 50~60% 강도로 Set당 15~20회
3) 근비대는 근력과 근지구력 프로그램 중간으로 설정
   예 최대 중량(1RM)의 60~80% 강도로 Set당 10~15회
   ※ 1RM : One Repetition Maximum : 본인이 정확한 운동 동작으로 1회 들어올릴 수 있는 무게의 최대치를 말함.

중요 08. Set와 Rep에 대해 설명하시오.

- Set : 반복적으로 수행한 운동 횟수의 묶음 예 10Rep 1회 반복 1SET
- Rep : 세트 당 반복한 횟수 예 1SET당 10Rep(10개)

중요 09. 발살바 호흡법(Valsalva maneuver)에 대해 설명하시오.

- 호흡을 강하게 들이마시고 숨을 참아 복압을 높이는 호흡법으로, 근육이 수축할 때 상체의 지지력을 견고하게 만들어 강한 힘을 발휘한다.
  ※ Lock-Check(록첵) : 최대 수축구간에서 호흡을 멈추는 상태

10. 주동근(agonistic muscle)과 길항근(antagonistic muscle)에 대해 설명하시오.

- 주동근(작용근)은 어떤 운동을 수행할 때 주로 사용되어 가장 큰 힘을 내는 근육
- 길항근(대항근)은 어떤 근육이 하는 작용에 대해 반대되는 작용을 하는 근육
  예 바벨컬 동작에서 팔꿈치를 굽힐 때 주로 사용되는 주동근은 상완이두근, 이때 길항근은 상완삼두근

11. 세트시스템이란?

- 근력은 일정한 부하에 적응하면 정체가 되는데, 근육에 다양한 자극을 주고 운동의 효율성을 위해 몇 가지 동작을 묶어 세트를 구성

12. 근비대를 목적으로 하는 트레이닝에서 세트와 운동 사이에 적절한 휴식시간은?

- 개인의 상황 및 컨디션, 운동종목 등에 따라 달라질 수 있지만 일반적으로는 1분 ~ 1분 30초가 효율적이다.

중요

13. 운동 처방 요소를 설명하시오.

1) 양적 요소 : 운동빈도, 운동시간, 운동기간
2) 질적 요소 : 운동양식(유산소, 무산소), 운동강도
   ※ FITT : Frequency(빈도), Intensity(강도), Time(시간, 기간), Type(형태, 양식)

**아주
중요**

14. 운동 강도를 나타내는 개념에 대해 설명하시오.

용어	설명
MET (metabolic equivalent)	대사당량이라고 부르며 신체 활동의 강도를 나타내는 지표 중에 하나이다. 활동하는 동안의 단위 체중당 산소 혹은 에너지 소모량으로 계산한다. 1MET=3.5ml/kg/min으로 안정 시 산소 섭취량으로 체중 1kg당 1분에 3.5ml의 산소를 소모하는 것이다. MET가 높아질수록 운동강도가 높아진다.
운동자각도 (RPE)	개인이 인지하는 운동의 강도를 측정하는 방법으로, 주관적인 척도이며 심박수 상승, 호흡 증가, 근육 피로 등을 개인이 판단하여 결정한다. 보통 10단계 또는 20단계로 구성되어 있으며 단계 초반에는 약한 강도, 중반에는 중간 강도, 후반에는 강한 강도를 나타낸다.
최대산소섭취량 (VO₂ max)	신체 활동 중에서 신체가 산소를 섭취할 수 있는 최대 소비율이다. 운동 수행 능력을 평가하는 데 핵심적인 지표로, 수치가 높을수록 더 많은 산소를 이용하여 에너지를 생산한다는 것을 뜻한다.
최대심박수 (HRmax)	이론적으로 개인이 낼 수 있는 최대 심박수를 뜻한다. - 최대심박수 공식=(220-나이) - 저강도= 50~60% HRmax(가벼운 조깅) - 중강도= 60~80% HRmax(일반 유산소 영역, 숨이 차지만 대화 가능) - 고강도= 80% 이상 HRmax(인터벌, 스프린트)

※ 계산 예시 : 80kg 성인이 5MET로 20분간 운동을 했다고 가정하면
17.5ml*80kg*20min
= 0.0175L*1,600=28L
= 140kcal 소비
(산소 1L당 평균 5kcal 소비)

비슷한 용어 알아보기
여유심박수:
최대심박수 - 안정심박수
목표심박수:
여유심박수×운동강도(%)
+ 안정심박수

15. 일일 소비 에너지 요소에 대해 설명하시오.

1) 기초 대사량 : 생명을 유지하기 위한 최소 에너지(호흡, 혈액순환, 체온 유지 등)

2) 활동 대사량 : 운동이나 일상 생활에서 발생하는 에너지 → 신체활동에 의한 에너지

3) 발열 대사량 : 음식 섭취 후 소화 · 흡수 과정에서 발생하는 열 에너지 → 식이유발성 열생산

중요

16. 초과회복이란?

• 근육이 운동으로 인한 손상 후에 이를 회복하는 것을 넘어서, 더 강한 부하에 대응할 수 있도록 근육 자체를 강화하는 과정을 의미한다.

※ 초과회복을 위한 3요소 : 체계적이고 꾸준한 훈련, 적절한 휴식, 충분한 영양 섭취

중요

17. 준비운동의 필요성에 대해 설명하시오.

• 준비운동은 관절의 가동범위를 넓히고 근육은 물론 인대와 힘줄의 탄력성을 높여 부상위험을 감소시키기 때문에 신체활동 전에 몸을 운동에 적합한 상태로 준비하는게 효과적이다.

18. 마무리운동의 필요성에 대해 설명하시오.

• 본 운동 후 뭉친 근육을 풀어주고 젖산 제거에 따른 빠른 피로회복과 재활에 효과적이다.

중요

19. 지연성 근통증(DOMS)에 대해 설명하시오.

• 지연성 근통증(Delayed Onset Muscle Sorness)는 운동 후 1일에서 3일에 걸쳐 서서히 나타나는 근통증을 뜻하며 평소에 덜 사용하던 근육들을 무리하게 사용되면서 근섬유의 미세 손상과 염증 반응으로 통증이 유발된다. 또한, 신장성 수축 동작이 많은 경우에도 생긴다.

중요

20. 트레이닝의 원리에 대해 설명하시오.

트레이닝 프로그램
구성 시 고려

과부하의 원리	일상 생활의 자극보다 더 강한 자극으로 운동
특이성의 원리	트레이닝 효과가 운동을 한 신체에 한정되어 나타남
개별성의 원리	개인적 특징(나이, 능력, 건강, 신체특성)을 고려해야함
반복성의 원리	효과를 얻기 위해 규칙적으로 장기간 계속 해야함
가역성의 원리	트레이닝 중지 시 이전 상태로 돌아감
다양성의 원리	방법을 다양화하여 지루함을 예방하고 효과를 증대함
전면성의 원리	특정 능력보다 여러 측면으로 발달을 도모해야함
점진성의 원리	운동의 질과 양을 늘려가야 함.

21. 트레이닝 종류에 대해 설명하시오.

인터벌 트레이닝 (interval)	고강도 운동 사이에 불완전한 휴식을 넣는 신체 훈련 방법 예 전력달리기 후 조깅 반복
웨이트 트레이닝 (weight)	무게를 가지고 하는 트레이닝으로 근비대에 효과적
서킷 트레이닝 (circuit)	여러 가지 운동을 일정한 순서대로 돌아가면서 실시하는 트레이닝 예 팔굽혀펴기 20회 → 사이드 스텝 30회 → 턱걸이 10회 → 줄넘기 100회를 반복
레피티션 트레이닝 (repetition)	완전한 휴식을 사이에 두고 반복하는 트레이닝
플라이오메트릭 트레이닝 (plyometric)	짧은 시간에 최대 근력을 수행하는 것으로 근육의 탄성을 이용한 신전 반사를 증가시키는 트레이닝

22. 웨이트 트레이닝 세트 훈련법에 대해 설명하시오.

컴파운드 세트 (compound)	같은 근육 부위 2가지 운동을 연속적으로 휴식 없이 수행 예 이두근 : 바벨컬 + 덤벨컬
슈퍼 세트 (super)	길항작용을 하는 근육 부의 운동을 묶어서 연속적으로 휴식 없이 수행 예 바벨컬(이두) 후 라잉 트라이셉스 익스텐션(삼두)
트라이 세트 (tri)	같은 근육 부위 3가지 운동을 연속적으로 휴식 없이 수행
자이언트 세트 (giant)	같은 근육 부위 4가지 운동을 연속적으로 휴식 없이 수행
드롭 세트 (drop)	고중량으로 세트가 끝난 후 휴식 없이 중량을 20~30% 정도씩 낮추어 최소 중량까지 내려가며 수행
디센딩 세트 (descending)	고중량 세트가 끝난 후 일정한 휴식을 가진 후에 점차 낮은 중량으로 낮춰가며 수행
피라미드 훈련법 (pyramid)	처음에는 가벼운 무게로 많은 횟수를 시작으로 점차 무게를 늘리고 횟수를 줄이는 훈련법 예 벤치프레스 1set 40kg 20회, 2set 60kg 10회, 3set 80kg 3회

23. 웨이트 트레이닝에 관한 원리에 대해 설명하시오.

치팅 시스템 (cheating system)	정확한 자세로 더 이상 하기 힘들정도로 지쳐있을 때 반동을 사용하여 반복횟수를 더 가져가는 기술이다.
번즈 트레이닝 (Burns Trainning)	한 세트에서 목표 반복 횟수를 달성한 후 완전한 동작이 아닌 부분 동작으로 근육 자극을 끝까지 이어가는 훈련
선피로 원리 (pre-exhaustion principle)	부상을 예방하기 위해 가벼운 운동(단순관절 운동)에서 무거운 운동(복합관절 운동)으로 진행 예 덤벨 플라이 후 벤치프레스
피크 컨트렉션 (peak contraction)	근육이 최대 수축되는 지점에서 1 ~ 2초 정도 정점수축
근우선법 (weak priority training)	운동 초기 에너지가 많을 때 약한 신체부위를 먼저 실시
퀄리티 원리 (quality principle)	세트 사이의 휴식시간을 점점 감소
더블 스플릿 원리 (double split principle)	오전에 신체의 1~2부위를 훈련하고 오후에 신체의 또 다른 1~2개 부위를 훈련
플러싱 원리 (flushing principle)	신체 한 부분에 여러 가지 운동으로 집중적인 부하를 전달하여 해당 부위의 펌핑을 극대화시켜 노폐물은 배출하고, 산소와 영양을 극대화하는 원리임.

비슷한 개념으로
둘 다 외울 것

24. 분할법에 대해 설명하시오.

- 운동의 효율성과 근육의 휴식을 고려한 훈련방법으로 신체부위별로 나누어 규칙적인 주기에 맞춰서 수행하는 것
  1) 2분할법 : 전신 근육을 2번으로 나누어 훈련하는 방법 예 하체 / 상체
  2) 3분할법 : 전신 근육을 3번으로 나누어 훈련하는 방법 예 하체 / 가슴 및 팔 / 등 및 어깨

25. 다중 관절 운동과 단순관절 운동에 대해 설명하시오.

1) 다중 관절 운동 : 2가지 이상의 관절을 사용하는 운동으로 더 많은 힘을 발휘

   예 스쿼트, 벤치프레스, 데드리프트 등
2) 단순 관절 운동 : 1가지 관절을 사용하는 운동으로 해당 부위를 집중적으로 타겟

   예 레그 익스텐션, 덤벨 컬 등

26. 근비대에 가장 중요한 3가지 요소를 설명하시오.

- 운동, 영양, 휴식이다. 3가지 요소가 균형있게 이루어져야 근비대가 잘 이루어진다.

27. 1RM에 대해 설명하시오.

- 정확한 자세로 한번 들 수 있는 최고 중량(1 Repetition Maximum), 근육 운동의 강도를 나타내기도 함.

28. ROM에 대해 설명하시오.

- ROM(range of motion)은 관절이 움직일 수 있는 최대한의 범위. 관절의 유연성과 근육의 건강 상태를 평가하는데 사용됨. ROM이 높으면 운동 퍼포먼스를 높일 수 있음.

29. 트레이닝 주기화에 대해 설명하시오.

- 기간에 따라 단계별 계획을 체계적이고 점진적으로 세워 훈련을 실시하는 것으로 자신에게 맞는 다양한 훈련 방법을 통해 트레이닝 효율을 높일 수 있다.

  예 1개월차 : 근지구력 훈련(저강도 고반복)

  2개월차 : 근비대 훈련(중강도 10~12개)

  3개월차 : 근력 훈련(고강도 저반복)

  4개월차 : 회복기(저강도 저반복)

30. 생체전기저항 분석법(BIA) 원리와 주의사항에 대해 설명하시오.

1) 흔히 인바디 측정이라고 불리며, 인체에 미세한 전류를 흐르게 하여, 전류가 인체 조직을 통과할 때 발생하는 저항(임피던스)를 측정해 체성분을 분석한다. 측정된 저항값을 통해 체중, 근육량, 체지방률, 내장지방 등 다양한 체성분 정보를 계산한다.

2) 주의사항

   ① 음식물 섭취 후 측정 금지

   ② 생리 중 측정 금지

   ③ 운동 후 측정 금지

   ④ 샤워 후 측정 금지

31. 운동 중 고원 현상에 대해 설명하고 극복하기 위한 방법을 설명하시오.

- 어느 수준까지 증가하던 운동 수행력 증가가 학습자의 피로, 권태, 흥디 상실 등과 같은 신체적·심리적 요인에 의해 정체되는 현상으로 극복하기 위한 방법으로는 운동 프로그램 변화, 충분한 휴식과 회복, 운동 강도 조절이 있다.

32. 횡문근융해증의 정의와 예방 방법에 대해 설명하시오.

- 갑작스러운 고강도 운동 또는 외상으로 인해 근육이 녹아내리거나 장기가 손상되는 질병이다. 증상으로는 콜라색 소변(미오글로빈이 배출)을 보거나 부종과 근육통증이 심하게 나타난다. 예방 방법으로는 신체활동 시 운동 강도 조절, 충분한 수분 섭취, 적절한 휴식과 영양 섭취 등이 있다.

33. 오버 트레이닝의 정의와 해결 방법에 대해 설명하시오.

- 자신이 감당할 수 있는 수준의 강도를 넘은 트레이닝을 실시하여 근육 발달과 회복 사이에 불균형이 일어나서 식욕저하, 피로, 무기력 발생한다. 해결 방법으로는 충분한 휴식과 영양섭취, 운동에 대한 강박관념을 내려놓고 운동 그 자체를 즐기는 마음을 가지도록 한다.

34. 고온환경(또는 여름철)에서 운동 시 주의사항에 대해 설명하시오.

- 고온환경에서 운동을 하게 되면 땀이 평소에 2~3배 흘리게 되어 체내에 많은 수분과 전해질이 빠져나간다. 흔히 '탈수' 증상이 일어나게 되어 심한 갈증, 어지러움, 두통, 근 경련이 일어날 수 있다.
- 주의사항
   1) 충분한 수분 섭취
   2) 전해질 균형 유지(전해질이 포함된 스포츠 음료 섭취)
   3) 적절한 운동 강도 유지
   4) 적절한 휴식(시원한 곳에서)

35. 백스쿼트(back squat) 지도 방법에 대해 설명하시오.

- 바벨을 어깨 뒤쪽 승모근에 위치시키고 양발의 간격은 어깨너비와 스탠다드 스탠스로 맞추고 발의 모양은 약간 V자로 발끝이 바깥을 향하게 한다. 엉덩이를 뒤쪽으로 살짝 미는 듯한 느낌으로 천천히 앉도록 한다. 대퇴부가 지면과 수평이 되도록 하며 동작 내내 허리와 등을 편 채로 유지한다. 반동을 이용하지 않은 상태로 천천히 일어나며, 완전히 일어섰을 때 엉덩이를 앞으로 밀지 않도록 주의한다. 호흡은 내려갈 때 들이마시고 올라오면서 내쉬도록 지도한다.

36. 바벨 프런트 스쿼트(Barbell Front Squat) 지도 방법에 대해 설명하시오.

- 바벨을 전면 삼각근과 대흉근 상부(쇄골)에 얹듯이 고정시킨다. 양발은 어깨너비로 하고 시선은 전면을 향하도록 한다. 호흡을 들이마시며 천천히 앉는다. 허벅지가 무릎과 평행 또는 낮은 위치까지 내려가도록 한다. 천천히 일어서며 호흡을 쉬도록 지도한다.

37. 컨벤셔널 데드리프트(conventional deadlift) 지도 방법에 대해 설명하시오.

- 발의 간격은 어깨너비로 벌리고 스탠다드 오버핸드 그립으로 바벨을 잡는다. 등을 펴고 엉덩이를 낮춰서 들어 올릴 준비를 한다. 바벨이 대퇴부에 가까이 위치하고 허리와 등은 곧게 편 자세를 유지하며 바벨을 들어 올린다. 바벨을 들어 올린 상태에서 호흡을 내쉬고 내리면서 호흡을 들이마시도록 지도한다.

38. 바벨 벤치 프레스(barbell bench press) 지도 방법에 대해 설명하시오.

- 벤치에 누워 양발을 바닥에 고정시킨다. 머리, 어깨, 엉덩이가 벤치에 닿은 상태에서 허리를 아치 형태로 만들고 바벨을 어깨너비보다 약간 넓게 잡는다. 바를 들어서 가슴 중앙에 위치시키고 시선은 바벨 중앙 지점에 둔다. 바가 가슴에 닿도록 천천히 내리고 올리면서 대흉근을 수축시킨다. 바를 들어 올릴 때 팔은 완전히 펴지 않도록 한다. 바벨을 올리면서 호흡을 내쉬고, 내리면서 들이마시도록 지도한다.

39. 덤벨 런지(dumbbell lunge) 지도 방법에 대해 설명하시오.

- 양손에 덤벨을 들고 양발은 어깨너비보다 약간 좁게 벌린 상태로 선 다음, 좌우 발의 순서 상관없이 발을 앞으로 내딛는다. 하위 구간에서 앞쪽 다리와 뒤쪽 다리의 무릎 각이 90도가 이루도록 앉았다 일어서며 제자리로 돌아온다. 호흡은 내려갈 때 들이마시고 올라오면서 내쉬도록 지도한다.

40. 스쿼팅 바벨컬(squating barbell curl) 지도 방법에 대해 설명하시오.

- 발의 위치와 바벨을 잡은 양손 간격을 어깨너비로 한 스쿼트 자세를 잡고 상체를 곧게 유지한 상태로 언더핸드 그립으로 바벨을 잡는다. 상체에 반동이 생기지 않도록 무릎에 팔꿈치를 대어 고정시킨다. 바벨을 들어올리며 근육을 수축시킨다. 내릴 때는 천천히 버티면서 처음 자세로 돌아온다. 호흡은 바벨을 들어올렸을 때 내쉬고 천천히 내리면서 들이마시도록 지도한다.

41. 스탠딩 밀리터리 프레스(Standing Military press) 지도 방법에 대해 설명하시오.

- 양발을 어깨너비만큼 벌리고 바벨을 어깨너비 또는 그보다 약간 넓은 간격으로 바벨을 잡는다. 바벨을 머리 위로 들고 시선은 전면을 향한다. 양팔이 옆으로 벌어지지 않게 유지한 상태에서 바벨을 쇄골 부위까지 천천히 내린다. 머리 위로 들어 올리며 삼각근을 수축시킨다. 바벨을 내리면서 호흡을 들이마시고 올리면서 내쉬도록 지도한다.

42. 벤트 오버 바벨로우(bent over barbell row) 지도 방법에 대해 설명하시오.

- 스탠다드 오버핸드 그립으로 바벨을 잡고 양발을 어깨너비보다 약간 좁게 벌린 상태에서 평행하게 만든다. 상체를 앞으로 숙이고 등은 곧게 편다. 이 때, 상체는 수평보다 약간 높은 각도를 유지한다. 바벨을 하복부 쪽으로 당길 때 견갑골이 서로 가까워지도록 어깨를 후방으로 모은다는 느낌으로 광배근을 수축시킨다. 바벨이 하복부로 당길 때 호흡을 내쉬고 아래로 내리면서 들이마시도록 지도한다.

43. 바벨 컬(barbell curl) 지도 방법에 대해 설명하시오.

- 스탠다드 언더핸드 그립으로 바벨을 잡고 양팔을 편 채로 유지하고 시선은 정면을 향하도록 한다. 팔이 최대한 굽혀지도록 바벨을 들어 올리며 이두근을 수축시키고 최고점까지 올라갔을 때 호흡을 내쉰다. 그리고 천천히 내리면서 들이마시도록 지도한다.

44. (클래식)보디빌딩 프런트 더블 바이셉스 지도 방법에 대해 설명하시오.

- 선수는 심판을 향해 정면으로 서서 한 발을 40-50cm 바깥쪽 앞으로 드고 두 팔을 들어 어깨와 수평을 이루게 한 후 팔꿈치를 구부립니다. 이 포즈에서 중요하게 평가하는 이두근과 전완근이 수축되도록 주먹을 꽉 쥔 채 아래를 향하게 합니다. 또한 심판이 전체 골격을 심사하므로, 선수는 머리부터 발끝까지 가능한 한 많은 근육을 수축시킬 수 있도록 지도합니다.

45. (클래식)보디빌딩 사이드 체스트 지도 방법에 대해 설명하시오.

- 선수는 더 "잘 발달된 팔"을 보여주기 위해 우측이나 좌측 중 한쪽을 선택합니다. 선수는 심판을 향해 우측이나 좌측으로 서서 심판과 가까운 쪽 팔을 직각으로 구부리고 한 손은 주먹을 쥐고 다른 손은 주먹 쥔 손의 손목을 잡습니다. 심판과 가까운 쪽 다리의 무릎을 구부리고 발가락으로 지탱합니다. 그다음 가슴을 펴고 직각으로 구부린 팔의 상승 압력을 이용해 상완이두근을 최대한 수축합니다. 선수는 발가락에 하강 압력을 가해 허벅지 근육과 대퇴이두근, 비복근을 수축할 수 있도록 지도합니다.

46. (클래식)보디빌딩 사이드 트라이셉스 지도방법에 대해 설명하시오.

- 선수는 더 "잘 발달된 팔"을 보여주기 위해 우측이나 좌측 중 한쪽을 선택합니다. 선수는 심판을 향해 우측이나 좌측으로 서서 두 팔을 등 뒤에 놓고 깍지를 끼거나 앞쪽에 있는 손목을 다른 손으로 움켜잡습니다. 심판과 가까운 쪽 다리 무릎을 굽히고 발바닥을 바닥에 평평하게 댑니다. 그리고 심판과 먼 쪽 다리의 무릎을 굽히고 발가락으로 지탱합니다. 선수는 앞쪽 팔에 압력을 가하여 상완삼두근을 수축합니다. 또한 가슴은 올리고 복부 근육, 허벅지, 비복근을 수축하도록 지도합니다.

47. (클래식)보디빌딩 백더블 바이셉스 지도방법에 대해 설명하시오.

- 선수는 뒷모습이 심판에게 보이게 서서 두 팔과 손목 자세를 Front Double Biceps 포즈와 동일하게 취하고 한 발을 뒤로 빼서 발가락으로 지탱합니다. 그다음 어깨, 상·하부 등 근육, 허벅지, 비 복근뿐만 아니라 상완이두근까지 수축시킬 수 있도록 지도한다.

48. 클래식 피지크 베큠 포즈 지도방법에 대해 설명하시오.

- 선수는 심판을 향해 정면으로 서서 두 팔을 머리 뒤에 대고 두 발은 모읍니다. 그런 후 숨을 깊게 내쉬고, 배꼽을 척추 쪽으로 당긴다는 느낌으로 복부를 안으로 당기면서 동시에 복횡근, 다리, 몸통 및 팔 근육을 수축해 "Vacuum Pose"를 실시하도록 합니다. 이 포즈에서 복근(복직근)은 수축시키지 않도록 지도한다.

49. 남자 피지크 프런트 포지션 지도방법에 대해 설명하시오.

- 바르게 서서 근육을 긴장시킨 자세로, 머리와 눈은 몸과 같은 방향을 향하게 하고, 네 손가락은 몸 앞쪽으로 둔 채, 한 손을 엉덩이에 얹고, 한 다리는 약간 측면으로 뻗어줍니다. 다른 손은 몸을 따라 아래로 늘어뜨린 상태에서 약간 몸에서 떨어지게 하고, 팔꿈치를 살짝 구부린 후, 손바닥을 곧게 펴주며, 손가락은 보기 좋게 정렬해줍니다. 무릎은 펴고, 복근과 광배근을 살짝 수축시킨 상태에서 고개를 들도록 지도합니다.

50. 여자 피지크 프런트 더블 바이셉스 지도 방법에 대해 설명하시오.

- 오른쪽 또는 왼쪽 다리를 바깥쪽으로 빼고 다리와 발은 일직선상에 두고 주먹을 쥐지 않은 상태로 두 팔을 어깨 높이까지 올린 다음 팔꿈치를 구부리고 손을 편 상태에서 손가락은 하늘을 향하게 하도록 지도합니다.

51. 여자 피지크 사이드 체스트 지도방법에 대해 설명하시오.

- 더 잘 발달된 측면을 보여주기 위해 왼쪽, 오른쪽 한쪽을 선택하여 심판을 향해 상체를 틀어준다. 배를 안으로 집어넣은 상태에서 심판과 가까운 쪽 다리를 곧게 펴고 앞으로 뻗어 발가락으로 지탱합니다. 먼 쪽 다리는 발을 바닥에 붙이고 무릎을 약간 구부립니다. 곧게 편 양팔을 몸의 약간 앞쪽에 위치시키고 엄지손가락과 나머지 손가락들을 한데 모아 약간 오므립니다. 손바닥이 아래쪽을 향하게 하고 양손의 깍지를 끼거나 한 손을 다른 손 위에 포갭니다. 가슴뿐만 아니라 보여지는 모든 근육을 수축하도록 지도합니다.

52. 여자 보디 피트니스 쿼터턴 중 프런트 포지션 지도방법에 대해 설명하시오.

- 바르게 서서 머리와 눈이 몸과 같은 방향을 향하게 합니다. 발뒤꿈치는 모으고, 양 발을 바깥쪽 30° 각도로 벌려줍니다. 무릎을 펴고, 배는 안으로 집어넣고, 가슴은 내민 채 어깨를 뒤로 젖히고 고개를 듭니다. 두 팔을 신체 중심선을 따라 측면으로 내리고 팔꿈치를 약간 구부린 채 손바닥이 몸통을 바라보게 한 상태에서 엄지손가락과 나머지 손가락을 한데 모아 손을 오므리고, 몸에서 약 10cm 떨어진 곳에 위치시키도록 지도합니다.

53. 여자 비키니 피트니스 쿼터턴 중 프론트 포지션 지도방법에 대해 설명하시오.

- 선수는 한 손을 엉덩이에 얹고 한 발은 약간 옆으로 뻗은 채로, 머리와 눈을 몸과 같은 방향을 향하게 하고 똑바로 섭니다. 다른 손은 몸을 따라 아래로 늘어뜨린 상태에서 약간 몸에서 떨어지게 하고, 손바닥을 곧게 펴주며, 손가락은 보기 좋게 정렬해줍니다. 무릎은 펴고, 배는 집어넣고, 가슴은 내밀고, 어깨는 뒤로 펴주도록 지도한다.

중요

01. 동작 축(인체의 면)에 대해 설명하시오.

① 수평면(수직축) : 신체를 상, 하로 나누는 가상의 면

    → 외회전, 내회전 운동(**예** 트리플 악셀 같은 트위스트 동작)

② 시상면(좌우축) : 신체를 좌,우로 나누는 가상의 면

    → 굴곡, 신전 운동(**예** 스쿼트, 데드리프트 등 대부분의 운동 동작)

③ 관상면(전후축) : 신체를 앞, 뒤로 나누는 가상의 면

    → 내전, 외전 운동(**예** 사이드 레터럴 레이즈)

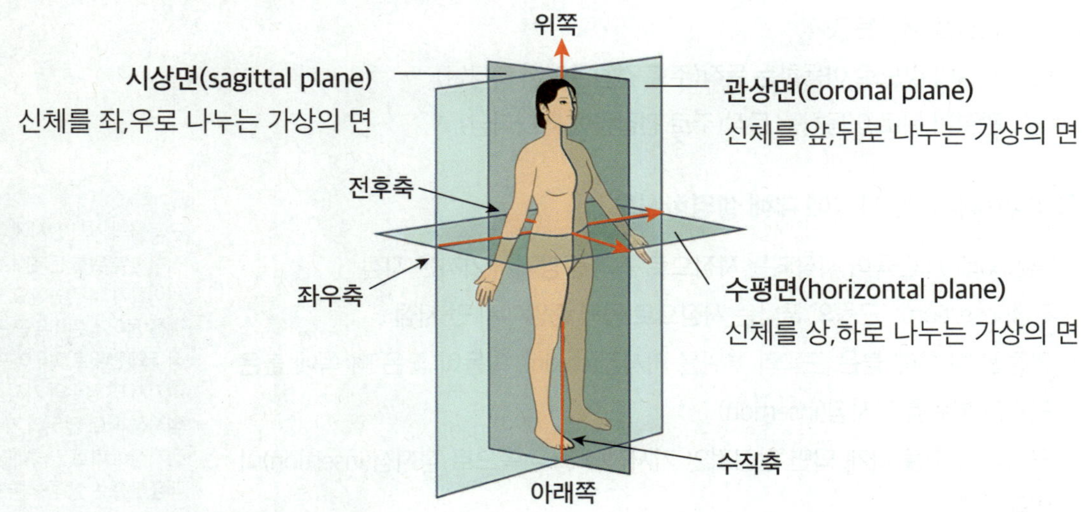

24p 해부학 관련 용어 사진 참고

중요

02. 근육 관절 운동에 대해 설명하시오.

1) 굴곡 : 굽히는 것 또는 신체부위 각도가 감소하는 것

2) 신전 : 펴는 것, 굴곡 자세에서 해부학적 자세로 돌아가는 반대 동작

3) 외전 : 벌리는 것, 신체 정중선에서 멀어지는 동작

4) 내전 : 모으는 것, 외전자세에서 해부학적 자세로 돌아가는 반대 동작

5) 내회전 : 안쪽으로 돌리는 것

6) 외회전 : 바깥쪽으로 돌리는 것

7) 수평내전 : 팔을 90도로 외전한 다음 앞으로 이동

8) 수평외전 : 팔을 90도로 외전한 다음 뒤로 이동

9) 회외 : 손바닥이 하늘을 향하게 보는 것

10) 회내 : 손등이 하늘을 보는 것

11) 거상: 견갑을 올리는 것

12) 하강 : 견갑을 내리는 것

13) 전인 : 관절이 앞으로 이동하는 동작(주로 견갑골에서 나타남)

14) 후인 : 관절이 뒤로 이동하는 동작(주로 견갑골에서 나타남)

아주 중요

03. 근육의 기시점과 정지점에 대해 설명하시오.

1) 기시점(origin) : 근육이 시작되는 지점으로 몸의 중앙에서 가까운 지점

2) 정지점(insertion) : 근육의 끝나는 지점으로 몸의 중앙에서 먼 지점

 → 안정된 뼈 쪽에 붙은 근육의 부위를 기시점(origin), 이동이 좋은 뼈 쪽에 붙은 근육의 부위를 정지점(insertion)

 → 근육이 수축을 하게 되면 안정적인 기시점(origin) 쪽으로 정지점(insertion)이 이동하게 됨

근육들의 기시 정지에 대한 정확한 부위를 문제내기에는 난이도가 너무 높아요 예를 들어 상완이두근은 장두와 단두로 이루어져있고 여기서 또 장두의 기시·정지점 따로, 단두의 기시·정지점이 따로 있습니다. 대흉근 또한 상·중·하부에 따라 기시·정지점이 또 달라집니다. 시험을 준비하는 입장에서는 대략적인 기시와 정지 개념만 정확히 숙지하도록 해요

04. 근육을 6개 부위로 나누고 각 근육 기능에 대해 설명하시오.

(1) 하체

- 대퇴사두근 : 무릎을 신전하는(펴는) 기능 / 대퇴직근, 중간광근, 외측광근, 내측광근 총 4가지 근육으로 구성
- 햄스트링 : 허벅지를 뒤로 드는, 엉덩이 관절을 피는, 무릎을 굽히는 기능 / 대퇴이두근, 반건양근, 반막양근 총 3가지 근육으로 구성
- 둔근 : 무릎을 바깥으로 하는, 다리를 뒤로 차는 기능 / 대둔근, 중둔근, 소둔근 총 3가지 근육으로 구성
- 비복근 : 발꿈치를 들어 올리는, 무릎을 굽히는 기능

(2) 복근

- 복직근 : 골반을 고정 시 상체를 앞으로 숙이는 기능
  상체를 고정 시 골반 위쪽이 뒤로 기울여지는 기능
- 외복사근·내복사근 : 몸통을 굽히거나 회전하는 기능

(3) 가슴

- 대흉근 : 팔을 안쪽으로 모으는, 팔로 미는 또는 던지는 기능
- 소흉근 : 어깨를 앞으로 모아 몸을 움츠리는 기능
- 전거근 : 견갑골을 밖으로 돌리고 흉곽에 밀착시켜 앞으로 미는 기능

(4) 팔

- 상완삼두근 : 팔꿈치를 펴는 기능 / 내측두, 외측두, 장두 총 3가지 근육으로 구성
- 상완이두근 : 팔꿈치를 굽히는 기능 / 장두, 단두 총 2가지 근육으로 구성
- 전완근 : 손목을 위로 올리거나 내리는, 손목을 회내 · 회외 하는 기능

(5) 등

- 광배근 : 팔을 몸에 붙이는, 팔을 안쪽으로 돌리는 기능
- 승모근 : 어깨를 위로 올리는, 모으는, 내리는 기능
- 척추기립근 : 상체를 세우는 기능

(6) 어깨

- 전면삼각근 : 팔을 앞쪽으로 들어올리는, 팔을 안쪽으로 미는, 팔을 위로 미는 기능
- 측면삼각근 : 팔을 옆으로 벌리는 기능
- 후면삼각근 : 위팔을 뒤로 보내는, 위팔을 수평으로 등 쪽으로 당기는 기능

05. 팔(어깨)과 고관절의 내 · 외회전 근육에 대해 설명하시오.

	내회전	외회전
팔(어깨)	견갑하근, 광배근, 대원근, 대흉근, 삼각근 전면	극하근, 소원근, 삼각근 후면
고관절	중둔근, 소둔근, 대퇴근막장근, 내전근	대둔근

06. 발목 굴곡에 대해 설명하시오.

① 배측 굴곡 : 발등이 정강이 쪽으로 향하는 동작으로 주근육은 전경골근이다. 예 스쿼트 내려갈 때

② 저측 굴곡 : 발끝이 아래쪽으로 향하는 동작으로 주근육으로는 비복근, 가자미근이 사용된다. 예 까치발, 점프

중요 **07. 심부 근육에 대해 설명하시오.**

- 코어 근육이라고 불리는 근조직으로 신체 중심을 지지하는 역할과 관절의 원활한 움직임을 돕고 신체 하중을 지탱함. 대표적으로 복횡근, 횡경막, 다열근, 골반저근이 있음.

중요 **08. 뼈의 역할에 대해 설명하시오.**

- 뼈는 우리 몸의 구조를 지지하고 내부 장기를 보호하며 근육수축 시 지렛대 역할을 하며 움직임을 도움. 성인은 총 206개로 구성되며 아동은 260~70개였다가 성인이 되면서 일부 합쳐짐.

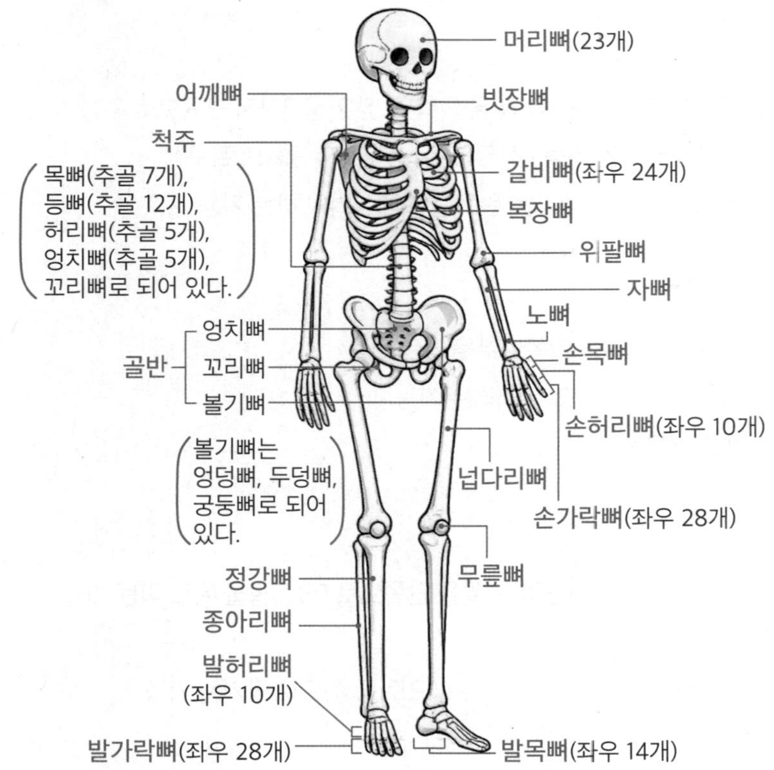

※ 주요 뼈 사진 참고용 · 다 외우진 않더라도 주요 위치 뼈는 외울 것

09. 골반 뼈의 역할과 구조에 대해 설명하시오.

- 골반은 척추와 하체를 연결하여 체중을 지탱하고 걷는 것이 가능하도록 함. 또한 방광, 내장, 여성의 경우에는 자궁을 보호하는 역할. 골반 뼈는 볼기뼈, 엉치뼈, 꼬리뼈로 이루어져 있다.

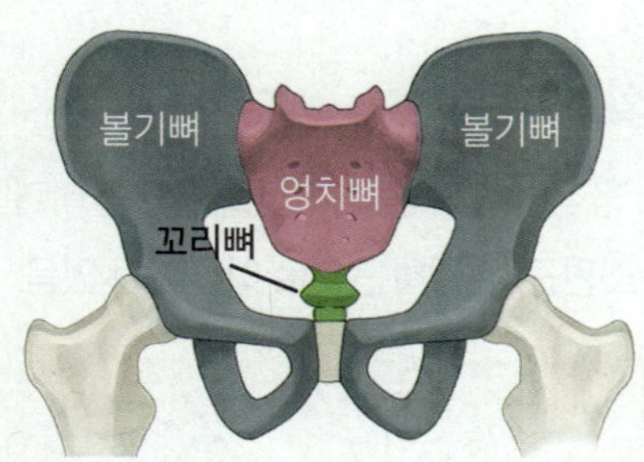

10. 척추의 역할과 구조에 대해 설명하시오.

- 척추는 몸이 바로 설 수 있도록 중심을 잡아주는 역할로 목뼈(경추) 7개, 등뼈(흉추) 12개, 허리뼈(요추) 5개, 엉치뼈(천추), 꼬리뼈(천추)로 이루어져 있다.

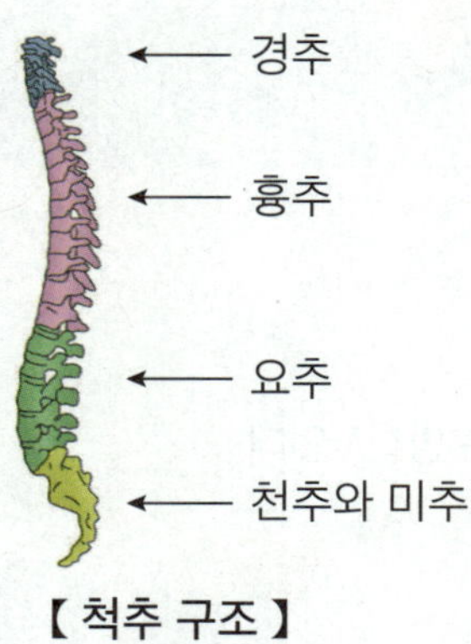

【 척추 구조 】

11. 관절의 역할과 종류에 대해 설명하시오.

- 관절은 뼈와 뼈 사이를 이어주는 역할을 함. 관절의 구조로는 골막, 인대, 관절강, 관절연골 등으로 이루어져 있다.
- 관절의 종류
  1) 섬유관절 : 질긴 섬유로 단단히 연결되어 움직임이 없는 부동 관절 예 머리뼈(두개골)
  2) 연골관절 : 연골로 연결되어 있는 관절로, 뒤틀림이나 압박 시 제한된 움직임이 가능한 반가동관절 예 디스크
  3) 윤활관절 : 가장 일반적인 관절 형태로 관절공간에는 미끄러운 윤활제가 포함되어 있어 움직임이 비교적 자유롭게 일어남 예 무릎, 어깨, 손목 등 대부분 관절

중요
12. 인대의 역할에 대해 설명하시오.

- 뼈와 뼈 사이 연결부위에 위치한 섬유성 결체조직으로 관절의 안정성을 유지하고, 관절을 움직이는 데 도움을 줌.

13. 힘줄의 역할에 대해 설명하시오.

- 근육이 뼈에 부착되기 위해 존재하는 섬유조직으로, 근육의 수축력을 뼈로 전달해 관절을 움직이거나 고정하도록 지탱함.

14. 회전근개의 역할과 구조에 대해 설명하시오.

- 회전근개는 어깨관절의 안정성과 움직임을 제공하며 팔을 들어올리거나 어깨를 안쪽, 바깥쪽으로 비틀 때 사용됨. 회전근개는 극상근, 극하근, 소원근, 견갑하근으로 이루어져 있음.

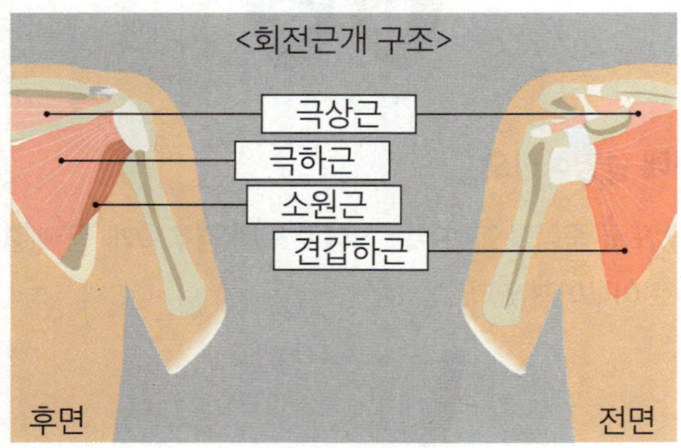

15. 무릎 인대 종류 4가지는 무엇인가?

- 외측인대, 내측인대, 전방십자인대, 후방십자인대

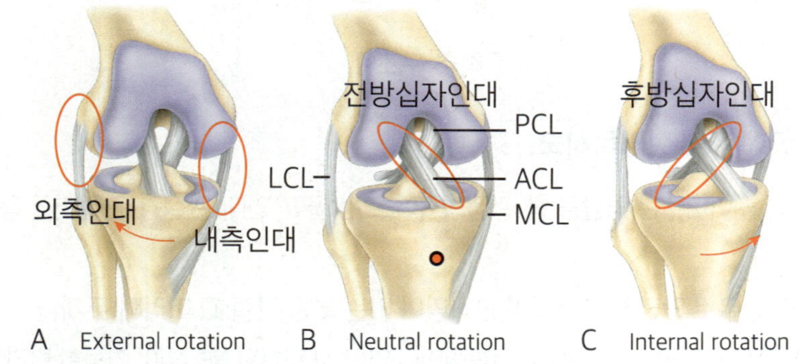

중요　01. 동화 작용(Anabolic)과 이화 작용(Catabolic)에 대해 설명하시오.

- 물질대사(metabolism)는 생명을 유지하기 위해 세포 내에서 이루어지는 화학반응으로, 이화작용과 동화작용으로 나뉜다.
  1) 동화 작용 : 복잡하고 큰 물질을 합성하는 과정 **예** 단백질 합성
  2) 이화 작용 : 복잡한 물질을 더 간단한 물질로 분해하는 과정 **예** 단백질 분해
  → 동화 작용과 이화 작용은 균형을 이루며 동시에 진행된다. 보디빌딩에서 고강도 운동 이후 충분한 영양 섭취가 일어나지 않으면 새로운 에너지원을 기존 몸에서 필요로 하게 되어 이화 작용이 일어날 수 있다.

중요　02. 근육의 역할에 대해 설명하시오.

- 우리 몸의 골격을 이루는 뼈에 부착하여 관절을 움직여 운동을 가능하게 해주는 기관이다. 뿐만 아니라 심장과 내장기관을 움직여 생명유지에 중요한 기능을 함. 또한 자세유지, 체온유지를 위한 열을 생성한다.
  1) 근육의 위치에 따라 골격근, 심장근, 내장근으로 구분
  2) 자신의 의사로 수축(기능)을 조절할 수 있냐에 따라 수의근과 불수의근(자율신경에 의해 조절),
  3) 모양에 따라 가로무늬근과 민무늬근으로 나눌 수 있다.

03. 근육의 위치에 따른 대표적인 근육 종류에 대해 설명하시오.

골격근(skeletal muscle)	인체의 움직임을 관장하는 근육으로 수의근이며 가로무늬근이다.
심장근(cardiac muscle)	심장과 심장 주변 근육으로 불수의근이며 가로무늬근이다.
내장근(visceral muscle)	소화관 벽이나 혈관벽과 같은 장기를 둘러 싼 근육으로 불수의근이며 민무늬근이다.

04. 근섬유(muscle fiber)의 종류에 대해 설명하시오.

- 근섬유는 근세포로 불리며 근육을 구성하는 단위로 수축성을 가진다. 하나의 근섬유는 여러 개의 근원섬유(muscle fibril)로 구성된다. 근원섬유는 수축력을 가진 단백질로 구성되어 있다. 수백, 수천 개의 수축력을 가진 단위인 근원섬유가 모여 하나의 근섬유를 형성하고, 다시 수많은 근섬유가 모여 하나의 근육을 구성한다.

 1) 지근(slow-tiwitch muscle) : 붉은색을 띈 근섬유로 적근이라고도 하며 산소를 옮기는 모세혈관과 마이오글로빈을 많이 함유한다. 산소를 태워 천천히 에너지를 내는 능력이 좋아 오랜시간 유지해야 하는 마라톤 등과 같은 지구성 운동에 적합하다. 또한 근섬유 굵기가 가늘어 지근을 활용하는 운동은 아무리 많이 해도 부피가 커지지 않는다는 특징이 있다.

 2) 속근(fast-tiwitch muscle) : 백색을 띈 근섬유로 백근이라고도 하며 모세혈관과 마이오글로빈의 함유량이 적어 산화 능력이 낮다. 따라서 쉽게 지치지만 ATP와 크레아틴을 활용해 순간적인 힘을 내는 데는 유용하다. 이 때문에 단거리 달리기, 웨이트 트레이닝 등 짧은 시간에 힘을 내야 하는 무산소성 운동에 적합하다. 또한 근섬유의 굵기가 굵어 속근을 활용한 운동은 많이 할수록 부피가 커지게 된다.

05. 근력을 결정하는 요인에 대해 설명하시오.

① 근육의 단면적 → 단면적이 클수록 큰 힘을 생성

② 신경 요인 → 운동 단위 동원이 높으면 큰 힘을 생성

③ 근섬유 유형 → 지근보다 속근이 더 큰 힘을 생성

④ 근육의 길이 → 최적의 길이일 때 큰 힘을 생성

06. 근수축 기전(근수축 과정, 근세사 활주설)에 대해 설명하시오.

① 운동 신경 자극: 운동신경에 활동전위 발생하면 신경 말단에서 아세틸콜린 분비

② 신경 접합부 흥분 : 근섬유막에 탈분극 발생

③ 활동전위 전달 : 탈분극이 근섬유 내부로 전달

④ 칼슘 방출 : 탈분극이 근형질세망을 자극하여 칼슘 방출

⑤ 결합 부위 노출 : 칼슘이 트로포닌에 결합하고 액틴의 미오신 결합 부위가 노출

⑥ 액틴과 미오신 결합 : 교차가교 형성

⑦ 수축 : ATP가 분해되며 근육이 짧아짐(수축)

⑧ 이완 : 칼슘이 다시 근형질세망으로 들어가고 ATP 결합, 근육 이완

07. 근육의 수축 형태 3가지에 대해 설명하시오.

등장성 (isotonic)	근육의 길이 변화가 있으면서 근력이 발휘되는 수축 예 덤벨컬, 벤치프레스 등	
	단축성 수축 (concentric)	근육의 길이가 짧아지며 수축하는 운동 예 덤벨컬 올릴 때 - 이두근(단축)
	신장성 수축 (eccentric)	근육의 길이가 길어지며 수축하는 운동 예 덤벨컬 내릴 때 - 이두근(신장)
등척성 (isometric)	근육의 길이 변화가 없으면서 근력이 발휘되는 수축 예 벽밀기, 철봉 매달리기 등	
등속성 (isokinetic)	일정한 속도로 움직이도록 설정된 기구를 이용한 운동으로 외부에서 가해지는 힘과 상관없이 정해진 속도로 움직임 예 전문 재활	

중요
08. 근방추와 골지건기관에 대해 설명하시오.

- 근방추 : 근육 속에 근육의 길이 변화를 감지하는 감각수용기로 갑작스런 신장을 막아 자세 안정 역할

  예 무릎 아래 두드리면 다리가 튀는 슬개건 반사
- 골지건기관 : 건(힘줄)에 있는 수용기관으로 근육 장력을 감지하여 무리할 경우 이완하여 근육과 건을 보호

  예 무거운 중량에서 힘이 풀리는 느낌

09. ATP(adenosine triphosphate)에 대해 설명하시오,

- 아데노신3인산으로 불리는 유기화합물로 모든 생물 세포 내에 존재하며 ATP 한 분자가 가수분해를 통해 다량의 에너지를 방출하여 생물활동에 사용된다. 즉, 우리 몸의 에너지원으로 모든 생명체가 근육 수축, 물질 합성과 같은 생명활동을 유지하는데 필수적인 역할을 한다.

10. 에너지 대사 종류에 대해 설명하시오.

종류	내용	운동 강도
ATP-PC 시스템 (인원질 시스템)	산소 없이 크레아틴 인산(PC)을 이용하여 약 10초 동안 폭발적인 에너지를 빠르게 공급하는 무산소 에너지 시스템이다. 젖산 생성은 거의 없다.	짧고 강렬한 운동 (50m·100m달리기, 최대 중량 웨이트 트레이닝)
젖산 시스템 (해당 과정)	포도당을 분해해서 에너지(ATP)를 만들고 젖산이 생성되는 무산소 에너지 시스템이다. 당이 분해되서 해당과정이라고도 하며 에너지 생성과정에서 부산물인 젖산을 생성시켜 젖산시스템이라고도 한다. 지속시간은 대략 10초 ~ 2분이고 ATP-PC 다음으로 빠른 에너지를 생산한다.	중간 강도의 운동 (400m 달리기, 고강도 인터벌 트레이닝)
유산소 시스템 (산화적 시스템)	산소를 이용하여 ATP를 합성하는 것으로 운동 시 산소가 충분할 때 글리코겐과 지방을 산화하여 ATP를 합성함. 피로 물질(젖산)이 적게 축적되어 장시간 운동이 가능하다.	장시간 지속적인 운동 (마라톤, 조깅, 등산)

11. 렙틴, 그렐린 호르몬에 대해 설명하시오.

1) 랩틴 : 지방세포에서 분비되는 호르몬으로 흔히 '포만 신호'라고 불림. **예** 식욕 억제, 에너지 소비 증가, 체중의 설정값 조절, 그렐린 억제

2) 그렐린 : '배고프니 먹어라'라고 뇌에 신호 보내는 공복 호르몬임. **예** 식욕 증가, 체중 · 지방 증가 유도, 성장호르몬 분비 촉진

12. 포도당 신생 합성(gluconeogenesis)에 대해 설명하시오.

• 포도당 신생 합성은 간과 신장에서 주로 일어나는 과정으로, 탄수화물이 아닌 전구체(젖산, 글리세롤, 아미노산)로부터 포도당을 새롭게 합성하는 과정이다. 즉, 격렬한 운동 또는 몸에 포도당이 부족할 때, 다른 물질을 이용하여 포도당을 만들어내는 생존에 필수적인 과정이다.

→ 몸에 포도당이 부족할 때 포도당 신생 합성을 못하게 되면 저혈당 쇼크에 위험성이 있음.

13. 무산소성 역치에 대해 설명하시오.

• 운동 강도가 증가하여 신체가 유산소 시스템만으로 에너지 공급이 부족하다고 판단하여 근육 내의 에너지를 사용하는 무산소 시스템을 가동하는 시점을 말함. 무산소성 대사가 시작되면 젖산이 축적하여 현기증이나 몸이 나른해지는 증상이 생길 수 있음. 이 시점부터는 운동 강도를 낮추어야 함.

14. 초과산소섭취량(EPOC)에 대해 설명하시오.

• 운동이 끝난 후 일시적으로 안정 시 산소섭취량보다 산소섭취량이 증가된 상태임. 운동 후 부족한 산소를 채우는 과정으로 운동 강도가 높을수록 길어진다.

15. 카테콜아민(catecholamine)에 대해 설명하시오.

- 부신수질에서 분비되는 신경전달물질이자 호르몬이다. 에피네프린, 노르에피네프린, 도파민 등이 포함된다. 카테콜아민은 교감신경을 작용하여 혈압을 상승시키고, 간에서 글리코겐 분해를 촉진시켜 혈당을 상승시킨다.

중요

16. 부신수질과 부신피질에서 분비되는 대표적인 호르몬을 설명하시오.

1) 부신피질: 대사 및 항상성 유지 → 코티졸, 성호르몬, 알도스테론

2) 부신수질: 신체활동 준비 및 긴급상황 대처 → 카테콜아민, 에피네프린, 노르에피네프린

중요

17. 에피네프린(epinephrine)과 노르에피네프린(Norepinephrine)에 대해 설명하시오.

아드레날린과 같은 뜻으로 알레르기 쇼크(아나필락시스), 심정지, 천식에 의료용으로 사용되기도 함.

1) 에피네프린 : 심장을 강하게 수축시켜 심박수와 혈압 증가 시킴, 근육과 뇌로 혈액 공급을 증가시켜 급박한 상황에서 신체 반응을 최적화 시킴. 기관지 확장으로도 작용한다.

2) 노르에피네프린 : 혈관 수축으로 혈압 조절, 심박수 증가(에피네프린보다는 덜 증가), 지속적인 경계 태세를 유지하도록 뇌에서 각성과 집중을 돕는 교감신경계의 신경전달물질로 작용함.

18. 코티졸(Cortisol)에 대해 설명하시오.

- 부신 피질에서 분비되는 호르몬으로 외부의 스트레스와 같은 자극에 맞서는 과정에서 분비되어 혈압과 포도당 수치를 높이는 역할을 한다.

  ※ 스트레스가 높아져서 코티졸 분비가 과도해지면? → 식욕 증가, 지방의 축적, 고혈압 위험, 불면증이 생김.

아주 중요

19. 췌장에서 분비되는 대표적인 호르몬에 대해 설명하시오.

1) 인슐린 : 혈액 속의 포도당 수치인 혈당을 낮추는 역할을 함. 혈당이 높아지면 인슐린이 분비되고, 혈액 내 포도당을 세포내로 이동시켜 글리코겐의 형태로 저장하는 작용을 한다. → 인슐린 분비가 낮으면 혈중 포도당이 글리코겐으로 저장되지 못하여 소변으로 배출하는 당뇨병이 발생하고, 인슐린 분비가 높으면 저혈당 증상을 유발할 수 있다.

2) 글루카곤 : 인슐린과는 반대로 혈당을 올리는 역할을 함. 주로 공복 상태이거나 혈당이 낮아질 때 분비됨. 간에 저장된 글리코겐을 포도당으로 분해함.

- 혈당 ↑ : 인슐린 ↑, 글루카곤 ↓
- 혈당 ↓ : 인슐린 ↓, 글루카곤 ↑

중요

20. 남성 호르몬(테스토스테론 : Testosterone)과 여성 호르몬(에스트로겐 : Estrogen)의 대해 설명하시오.

1) 남성 호르몬 : 남성의 2차 성징에 영향을 주는 호르몬으로 근육과 골격, 골밀도를 발달시키며 낮은 목소리 등 남성답게 만드는 역할

2) 여성 호르몬 : 여성의 2차 성징 발현에 영향을 주며 근육과 뼈의 생성 등에 작용하며 근육량 감소, 지방 축적 증가에 영향을 줌.

21. 위성세포(satellite cell)에 대해 설명하시오.

- 근육의 회복과 성장을 돕는 근육 줄기세포로서 근육운동으로 손상된 부분을 복구한다.

22. 호흡교환율(RER : Respiratory Exchange Ratio)에 대해 설명하시오.

- 호흡을 통해서 신체가 흡수(섭취)한 전체 산소량에 대한 체내 이산화탄소 생성량의 비율이다.
- 운동 시 주된 영양소는 탄수화물과 지방이다. 운동강도가 높고 운동시간이 짧은 경우에 탄수화물이 주된 에너지원으로 작용한다. 따라서 운동강도가 높으면 지방보다 탄수화물이 더욱 사용되므로 호흡교환율은 높아진다. 탄수화물 호흡교환율은 1, 지방은 0.7이다.

> 1. 공식 :
>   호흡교환율=VCO_2(이산화탄소 생산량)/VO_2(산소섭취량)
> 2. 탄수화물, 단백질, 지방과 같은 영양소가 산화되어 에너지로 쓰일 때, 일정량의 산소가 필요하고, 일정량의 이산화탄소가 배출된다는 사실에 기반

23. 폐순환(pulmonary circulation)과 체순환(systemic circulation)에 대해 설명하시오.

- 혈액순환은 폐순환과 체순환으로 나뉜다. 기본적으로 전신에 영양소와 산소를 공급하고 이산화탄소와 노폐물을 제거하는 기능을 한다.

  1) 폐순환 : 우심실 - 폐동맥 - 폐의 모세혈관 - 폐정맥 - 좌심방

     → 심장에서 폐로 혈액이 이동하여 산소를 공급받고 다시 심장으로 돌아오는 순환(가스 교환)

  2) 체순환 : 좌심실 - 대동맥 - 온몸의 모세혈관 - 대정맥 - 우심방

     → 심장에서 전신 조직으로 산소와 영양소를 공급하고 다시 심장으로 돌아오는 순환(산소와 영양 공급)

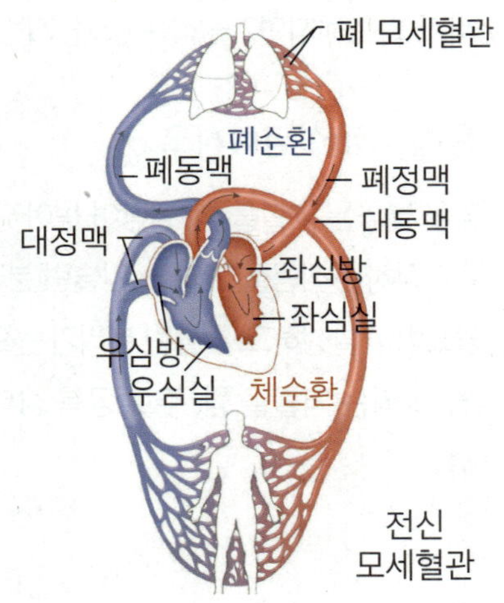

24. 세컨드 윈드에 대해 설명하시오.

- 운동 시 가장 힘든 지점인 사점을 넘어가게 되면 편안하게 느끼는 상태를 말한다.

25. 스포츠 심장과 서맥에 대해 설명하시오.

1) 스포츠 심장 : 스포츠를 통해 단련된 심장으로 1회 심박출량이 많아 심박수가 적게 나오는 특징이 있으며 신체 조직에 충분한 혈액을 공급할 수 있어 스포츠 활동에 유리하다.

2) 서맥 : 스포츠 심장과 비슷하게 심박수가 적다는 특징을 가지고 있으나, 서맥은 심장 기능이 정상적으로 작동하지 않아 충분한 혈액을 공급하지 못해 심박수가 적어지는 것으로 어지럼증 또는 피로를 느끼는 증상임.

　※ '운동성 서맥'은 운동을 많이 한 사람에게 나타나는 심박수 감소 현상으로, 스포츠 심장의 특징 중 하나라고 볼 수 있다.

26. 교감 신경계(sympathetic nerve)와 부교감 신경계(parasympathetic nerve)에 대해 설명하시오.

- 자신의 의지로 제어할 수 없는 말초 신경계를 자율 신경계라고 하는데 자율신경계는 교감 신경계와 부교감 신경계로 나뉘어지고 이 둘은 길항 작용을 통해 제어된다.

1) 교감신경은 신체가 위급한 상황일 때 대처하는 기능을 하며, 심박수 증가, 동공 확장, 호흡 운동 촉진, 소화 운동 억제

2) 부교감신경은 에너지를 보존하는 기능을 하며, 심박수 감소, 동공 수축, 위장관의 분비와 연동운동 등을 촉진

27. 심장의 전도 체계에 대해 설명하시오.

- 심장은 불수의근으로 심장 스스로 심장박동을 조절하며 전기 자극을 전달하여 심장의 수축 이완이 진행됨.
- 전도 체계 순서 : ① 동방결절 → ② 방실결절 → ③ 히스 속 → ④(히스 속에 있는)좌우가지 → 푸른킨예 섬유

　※ 동방결절 : 우심방에 위치하여 심장이 박동하도록 신호를 만들어내는 '페이스메이커' 역할

　※ 방실결절 : 심방과 심실 사이에 위치하여 동방결절에서 생긴 전기신호를 심실까지 보내는 역할

중요 01. 항상성(homeostasis)에 대해 설명하시오.

- 생명의 특성 중 하나로, 상대적 평형 상태를 유지하려는 성질을 말함. 어느 한 곳에 불균형이 생기면 스스로의 힘으로 불균형을 완화하는 방향으로 자연스럽게 움직이게 됨.

02. 우리 몸의 3대 영양소와 6대 영양소는?

- 3대 영양소 : 탄수화물, 지방, 단백질
- 6대 영양소 : 탄수화물, 지방, 단백질, 비타민, 무기질, 물(수분)

중요 03. 수분이 인체에 어떤 역할을 하는지 설명하시오.

- 혈액을 구성하는 성분으로 우리 몸의 70% 정도 차지하는 중요 성분이다. 영양소를 운반하면서 체내 노폐물을 제거한다. 또한 체온조절, 대사산물의 배설 등의 다양한 역할을 수행한다.

04. 운동 중 수분을 섭취하는 이유에 대해 설명하시오.

- 운동 중 땀으로 수분과 전해질이 배출되어 탈수 방지 및 전해질 균형을 맞추기 위함.
  ※ 운동 중 수분이 부족하면? → 탈수로 인해 어지럼증, 근육 경련 및 손상, 운동 수행 능력 저하

중요 05. 음식물 섭취 시 소화과정에 대해 설명하시오.

① 입 : 음식물을 이로 잘게 부숴 삼킬 수 있게 함.
② 식도 : 음식물이 위로 이동하는 통로
③ 위 : 소화를 돕는 액체를 분비하여 음식물을 섞고 더 잘게 쪼갬.
④ 소장 : 소화를 돕는 액체를 분비하고 음식물을 잘게 분해하여 영양소를 흡수함.
⑤ 대장 : 음식물의 찌꺼기의 수분을 흡수
⑥ 항문(배출) : 소화되지 않은 찌꺼기를 배출

06. 영양소별 칼로리를 설명하시오.

- 탄수화물, 단백질 : 4Kcal
- 지방 : 9Kcal

07. 단백질 섭취 시기에 대해 설명하시오.

- 운동 후 30분 이내에 단백질을 섭취하는 것을 기회의 창이라고 하며 이 시기에 단백질을 섭취하는 것이 근육 형성이 잘 이루어진다.

08. 유청 단백질에 대해 설명하시오.

- 우유에서 추출한 단백질로 소화흡수가 빠르다는 특징이 있음. 웨이 프로틴(WPC)라고도 불림.
  ※ 카제인 : 우유의 80% 이상을 구성하고 있는 동물성 단백질로, 잘 응고되어 유청 단백질보다 소화 흡수가 늦다는 특징이 있음.

09. 단백질을 에너지원으로 과다 섭취 시 부작용에 대해 설명하시오.

- 소화흡수가 느려져 소화장애(변비) 및 신장 부담이 증가
- 동물성 단백질을 많이 먹게 되면 체내 요산이 증가하고 소변을 통해 배출됨. 심해지면 요로결석이 발생함.

10. 음의 단백질에 대해 설명하시오.

근육 단백질 합성은 분해를 초과할 때 가능한데, 운동을 하면 근육 합성도 증가하지만 분해도 증가됨. 이 때 추가적인 영양섭취가 이루어지지 않으면 근육 단백질 균형은 단백질이 부족한 상태 즉, 음의 상태로 남아 있음. 요약하면, 단백질 섭취량보다 단백질 분해량이 많은 상태로 운동 후 영양섭취가 부족하거나 평소 단백질 섭취가 부족할 경우를 말함. 양의 단백질 균형을 이루기 위해서는 당질과 단백질 같은 영양소를 공급해야 함.

11. 비타민의 종류에 대해서 설명하시오.

- 수용성 비타민 : B, C / 물에 녹으며 필요 이상으로 섭취 시 소변으로 배출됨
- 지용성 비타민 : A, D, E, K 등 / 지방에 잘 녹음

12. 비타민이 부족할 때 나타나는 현상에 대해 설명하시오.

지용성 비타민	수용성 비타민
• A : 야맹증, 안구건조, 면역력 저하, 성장 지연(소아) • D : 골연화증, 구루병, 뼈 통증, 근력 약화 • E : 말초신경병증(저림, 감각 이상), 근육 약화 • K : 출혈 경향 증가, 지혈 지연, 멍이 잘 듦	• B : 각기병(b1), 구내염(b2, b6), 빈혈(b9, b12), 피로, 권태감 등 • C : 괴혈병, 피로, 근육 약화, 관절 통증

중요
13. 웨이트 트레이닝을 할 때 사용되는 영양소를 설명하시오.

- 탄수화물, 지방, 단백질 모두 사용은 하지만 웨이트 트레이닝은 짧은 시간 동안 강한 힘을 필요로 하는 운동이기 때문에 탄수화물을 주로 이용하고 고갈되면 지방, 단백질 순으로 이용한다. 특히 단백질은 극단적인 고강도 장시간 운동에 에너지원으로 사용된다.

중요
14. 카보 로딩(Carbohydrate loading)에 대해 설명하시오.

- 일정 기간동안 탄수화물을 줄여 탄수화물이 고갈될 시점에 탄수화물을 많이 섭취함으로써 근육 내 탄수화물 저장량을 높여 근육이 더 크게 보이거나 근질을 더욱 높이는 방법이다. 탄수화물 로딩, 글리코겐 로딩이라고도 불린다.

15. 필수 아미노산과 비필수 아미노산에 대해 설명하시오.

1) 필수 아미노산은 생명을 유지하는 데 필요한 아미노산 가운데 생체에서 합성되지 않거나 충분하게 합성되지 않아 음식물로 섭취해야 하는 아미노산을 말함. 히스티딘, 이소류신, 라이신, 류신, 메티오닌, 페닐알라닌, 트레오닌, 트립토판, 발린 아홉 종류이며, 한 종류라도 결핍되면 단백질 합성을 할 수 없게 된다.

2) 비필수 아미노산은 체내에서 합성되거나 체내 요구량이 낮은 아미노산으로 대표적으로 L-아르기닌, L-카르니틴, L-글루탐산, L-티로신 등이 있다.

16. BCAA(Branched Chain Amino Acid)에 대해 설명하시오.

• 류신(leucine), 발린(valine), 이소류신(isoleucine)과 같은 분지 사슬 아디노산을 뜻하며 손상된 근육의 회복과 근육의 피로에 도움이 된다. 체내에서 합성하지 못하기 때문에 음식물로 섭취한다.

17. 필수 지방산(EFA:Essential Fatty Acid)에 대해 설명하시오.

• 세포의 성장과 신체의 발달 과정에 꼭 필요한 지방산이지만 체내에서 합성할 수 없는 지방산을 말하며, 반드시 식품으로 섭취해야 한다. 대표적으로 불포화지방산인 리놀렌산, EPA, DHA 등이 있다.

18. HDL과 LDL의 차이에 대해 설명하시오.

• HDL(High Density Lipoprotein) : 고밀도 지질단백질로 혈중의 과다한 콜레스테롤을 간으로 이동하는 역할을 한다. 이에 따라 혈관벽에 침착하여 쌓이게 되는 플라그의 생성을 감소시켜 동맥경화나 심장질환의 위험성을 감소시킨다.

• LDL(Low Density Lipoprotein) : 저밀도 지질단백질로 일명 '나쁜 콜레스테롤'로 불림. 혈관벽에 과도한 콜레스테롤 침착을 유발해 동맥경화증과 심장질환 위험을 높인다.

19. 크레아틴(creatine)에 대해 설명하시오.

• 아미노산과 유사한 물질로서 근육의 에너지 공급에 주요한 역할을 한다. 체내에서 생성되지만 필요 시 보충제 형태로 섭취하기도 한다. ATP의 생성을 돕기 때문에 반복적이고 격렬하면서 순발력을 요하는 운동에서 도움이 된다.

20. 카페인이 운동에 미치는 영향에 대해 설명하시오.

• 카페인은 각성 효과가 있어 운동 시 중추 신경을 흥분시켜 고강도 운동을 할 때는 근신경계를 활성화 시키고 유산소 운동 시에는 지방의 분해를 일으킨다. 다만 과도한 카페인 섭취는 불면증, 불안감 등을 유발시키며 과도한 이뇨 작용을 일으킬 수 있다.

21. 흡연이 운동 수행 시 미치는 영향에 대해 설명하시오.

• 흡연은 심폐 기능 저하, 산소 공급 장애, 혈압 및 심박수 증가, 산소량 감소 등 운동 수행에 부정적인 영향을 끼친다.

21. 음주가 근성장에 방해되는 이유에 대해 설명하시오.

• 음주는 반응 시간 저하, 신체 탈수, 균형성 및 평형감 감소, 근육 성장 및 근육 수축 기능 저하 등 운동 수행에 부정적인 영향을 끼친다.

구술

CHAPTER 03.
노인, 유소년

노인, 유소년

01. 노인, 유소년 운동 지도 및 유의사항에 대해 설명하시오.

노인	1. 노화가 진행되면서 신체적으로 체력, 유연성, 회복력 등의 기능이 떨어지고 심리적으로도 약해지기 때문에 활력과 자신감을 가질 수 있도록 무리한 운동보다는 상태에 맞는 저강도 운동을 꾸준히 실시한다. 2. 근력이 많이 약해지기 때문에 자신의 체중을 이용한 부하운동(맨몸 스쿼트, 물건 옮기기 등)을 실시하여 근력을 유지하는 것이 좋다. 3. 약간의 충격에도 쉽게 부상을 입을 수 있기 때문에 강한 충격이 가해지는 운동은 지양한다. 4. 움직임이 복잡하고 불규칙한 운동은 피한다. 5. 운동시작 전·후 반드시 준비운동과 정리운동을 실시한다.
유소년	1. 신체적으로 완성되지는 않았지만 성장 수준이 매우 빠르기 때문에 고강도보다는 중저강도의 운동을 통해 신체의 전반적 발달을 도모한다. 2. 과도한 경쟁심이나 승리보다는 협동심과 스포츠맨십, 페어플레이 등과 같은 가치·인성 요소를 함양할 수 있도록 지도해야 한다. 3. 집중력이 짧기 때문에 흥미와 재미를 고려한 프로그램을 구성한다. 4. 주변 환경에 대해 부상당할 수 있는 것들을 미리 파악하여 정리하며 안전에 유의한다. 5. 유소년은 심박출량이 비교적 낮아 처음부터 고강도의 운동은 심장에 무리를 줄 수 있다.

02. 노인 및 유소년 영양 섭취에 대해 설명하시오.

노인	노인의 경우 신체 활동 감소로 인해 일반 성인보다 10~20% 적은 양의 영양을 섭취한다. 보디빌딩 트레이닝을 실시할 경우 kg당 1.5g의 단백질을 섭취해야 한다. 포화지방이 많은 육류보다 생선이나 견과류, 채소 섭취가 필요하고 구강이나 소화기관 약화로 유동식 형태의 음식을 섭취해야 한다.
유소년	성장기이기에 철분, 칼슘, 무기질, 채소 섭취를 충분하게 해야하며, 과도한 탄수화물과 탄산, 인스턴트 음식은 피한다. 전체 영양소의 탄수화물은 50~60%, 지방은 20~30%, 단백질은 15% 정도 섭취한다.

중요

03. 노화의 개념과 노인의 신체적·정서적·사회적 변화에 대해 설명하시오.

- 육체적으로 나이가 들어가는 연대기적 과정을 의미한다. 노인은 일반적으로 65세 이상 인간을 지칭
    1) 신체적 변화 : 심혈관계와 호흡계의 기능저하, 근육의 기능 감소, 관절 가동성의 감소, 골밀도 저하
    2) 정서적 변화 : 지인들의 죽음으로 인한 슬픔, 사회적 부담감, 새로운 환경 변화 등에 대한 두려움과 걱정이 많이 생김
    3) 사회적 변화 : 일상생활에서 신체적, 정신적, 사회적 활동을 지속하는 사람은 건강하고 행복한 삶을 누림. 따라서 긍정적인 생활습관, 지속적인 인간관계 유지가 필요

04. 협심증 증상과 운동 시 주의사항에 대해 설명하시오.

- 혈관 내 혈액의 흐름이 원활하지 않아 가슴에 통증이 생기는 증상을 말하며, 혈액 내 콜레스테롤이나 동맥 내 혈전이 생겨 관상동맥이 좁아진 것이 원인이다.
    → 추운 날씨의 운동을 피하고 저항성 운동 시 일시적으로 혈압을 상승시키므로 고강도의 운동을 지양하고 저강도 운동을 실시한다.

> 비슷한 질환으로 '심근경색'이 있다. 심근경색은 동맥경화로 좁아진 부위에 혈전이 생겨 심장으로의 혈액 공급이 차단되는 상태이다.

05. 고혈압 환자 지도 유의사항에 대해 설명하시오.

1) 운동 전 혈압을 체크한다.
2) 운동 시 혈압이 급격히 올라가는 고강도 웨이트 트레이닝이나 경쟁적인 운동은 자제한다.
3) 가벼운 조깅, 수영과 같은 유산소 운동을 실시한다.
4) 준비운동과 마무리 운동을 실시한다.
5) 주 3회 이상 규칙적인 운동할 수 있도록 지도한다.

06. 당뇨 환자 지도 유의사항에 대해 설명하시오.

1) 운동 전후 혈당 체크를 하며 저혈당을 예방한다.
2) 운동 중에 무리한 고강도 운동은 하지 않고 어지럼증, 식은땀이 보이면 즉시 중단한다.
3) 저강도에서 시작해 중간 강도까지 점진적으로 강도를 증가시킨다.
4) 유산소 운동, 근력 운동, 스트레칭 운동 등 다양하게 지도하고 낙상 위험이 높으므로 안전을 중심으로 지도한다.

07. 노인 지도자 자질에 대해 설명하시오.

1) 노인의 신체적인 특성에 대해 정확히 인지하고 응급처치, 안전 매뉴얼에 대해 숙지하는 책임감을 갖는다.
2) 노인과의 지속적인 대화를 통해 유대감을 형성하고 배려와 관심을 표한다.
3) 걱정, 고통에 대해 귀담아듣는 동정심을 갖고 꾸준히 운동할 수 있도록 지지감을 표현한다.

08. 노인이 웨이트 트레이닝을 했을 경우 변화를 설명하시오.

- 근골격계 : 근력과 근육량이 증가하고, 뼈 밀도가 증가하여 골다공증 위험을 예방할 수 있다. 균형감각과 협응력을 향상시켜 낙상 위험을 줄일 수 있다.
- 심혈관계 : 심박출량을 증가시켜 심장 기능을 강화하고, 혈압을 낮추며 인슐린에 반응해 포도당 수송을 조절하는 정도를 향상시켜 혈당 관리에도 도움이 된다.
- 정서적 : 무기력 및 우울증이 감소하고 자신감이 증진한다.

09. 유소년 지도자의 자질에 대해 설명하시오.

1) 다양한 놀이방법을 통해 신체와 사회성 발달 유도
2) 유소년을 이해하고 인내심과 평정심을 갖춰야 함.
3) 올바른 말투와 행동을 보여야 함.

10. FITT를 이용하여 유소년 운동 지도에 대해 설명하시오.

- 운동빈도는 주 3회 실시, 운동 강도는 저강도로 시작해서 점차 중강도로 실시, 운동 시간은 30분 ~ 1시간 실시, 운동 종류는 수영 또는 유산소 운동과 무산소 운동을 혼합해서 실시한다.
  ※ 운동빈도: F(Frequency), 운동 강도: I(Intensity), 운동 시간(Time), 운동 종류(Type)

11. 유소년이 보디빌딩을 해야하는 이유를 설명하시오.

- 유소년에게 적절한 웨이트 트레이닝은 신체 근력 발달과 운동감각을 활성화시켜 성장판과 성장호르몬을 자극하여 성장에 도움이 된다. 단, 고중량운동은 부상 위험과 무리한 자극으로 성장판 방해 요소에 영향을 미칠 수 있다.

12. 유소년 운동 프로그램 계획 시 고려해야 할 사항을 설명하시오.

- 유소년에 따라 발달 상태가 다르기 때문에 참가자의 나이, 건강 상태, 운동 능력, 개인 흥미 등에 맞춰 운동 프로그램을 계획해야 한다.

MEMO

MEMO

MEMO

| 약력 및 경력(최대로)

- **現** 현직 체육교사
- 국내 보디빌딩 대회 다수 입상

| 출판 검토 및 자문(한현근)

- 헝그리스포츠 대표 저자
- ▶ 헝그리스포츠 채널 운영 중

| 사진 촬영(김창순)

- 스냅 촬영, 바디프로필 촬영 (국내 제주 및 해외 파리 등)
- ◙ soon.graphy_jeju

| 참고문헌

- 닉 에반스「BODY BUILDING ANATOMY(2016) 개정판」, 푸른솔
- 뉴만「KINESIOLOGY(2018) 3판」, 범문에듀케이션
- 주명덕 외 1인「운동역학(2009)」, 대한미디어
- 한국운동역학회「운동역학(2011)」, 대한미디어
- 이재구 외 5인「운동 기능 해부학(2008)」, 군자출판사
- 최대혁 외 2인「파워운동생리학(2008)」, 대한미디어
- 정일규「휴먼 퍼포먼스와 운동생리학(2011)」, 대경북스
- 우에하라 다키시「스포츠 의학이 쉬워지는 해부학 도감(2024)」, 현익출판
- 대한보디빌딩협회「도핑방지규정, 선수위원회 규정, 경기인 등록 규정, 스초츠공정위원회 규정」
- 대한체육회 가이던스「선수, 지도자, 학부모용」

2026 헝그리스포츠 스포츠지도사 보디빌딩 실기·구술 (5종 자격증 포함) + 100% 무료강의

발행일	**초판 1쇄 발행일** 2024년 4월 30일
	개정판 1쇄 발행일 2026년 3월 20일
발행인	박유진
발행처	직업상점
편저자	최대로
디자인	김지원
정가	29,000원
ISBN	979-11-94695-40-0

※ 낙장이나 파본은 교환해 드립니다.

7	스티프 레그 데드리프트		
8	바벨 런지		
9	덤벨 런지		

1	스탠딩 바벨 컬		
2	스탠딩 리버스 바벨 컬		
3	스탠딩 덤벨 컬		
4	스탠딩 얼터네이트 덤벨 컬		
5	스탠딩 해머 컬		
6	스탠딩 얼터네이트 해머 컬		
7	덤벨 컨센트레이션 컬		
8	스쿼팅 바벨 컬 (2급 전문· 1급 생활만 출제)		

9	스탠딩 바벨 오버헤드 트라이셉스 익스텐션		
10	라잉 바벨 트라이셉스 익스텐션		
11	스탠딩 원암 덤벨 오버헤드 트라이셉스 익스텐션		
12	덤벨 킥백		
13	벤치 딥스		
14	바벨 리스트 컬		
15	바벨 리버스 리스트 컬		
16	덤벨 리스트 컬		
17	덤벨 리버스 리스트 컬		

1	플랫 바벨 벤치 프레스	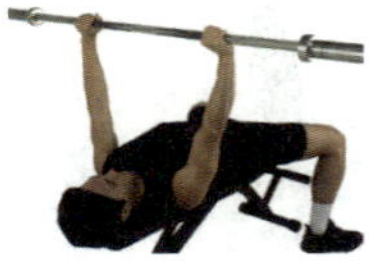	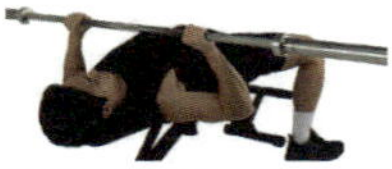
2	인클라인 바벨 벤치 프레스	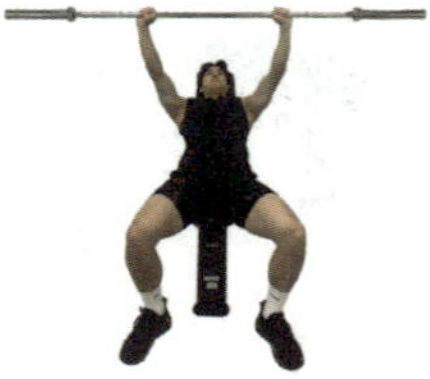	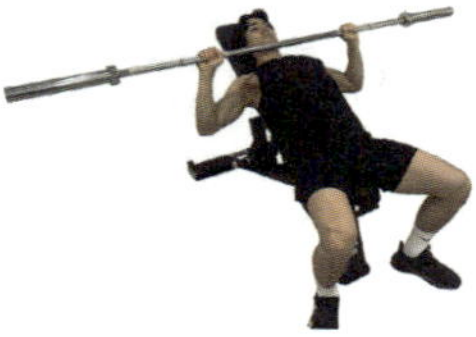
3	플랫 덤벨 벤치프레스	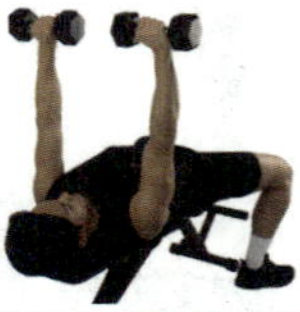	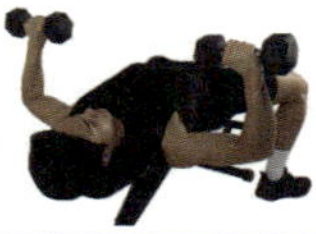
4	인클라인 덤벨 벤치프레스	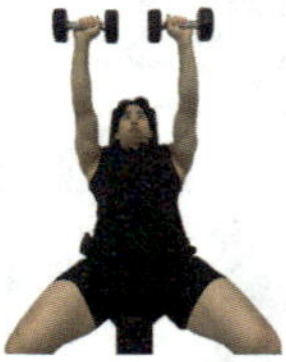	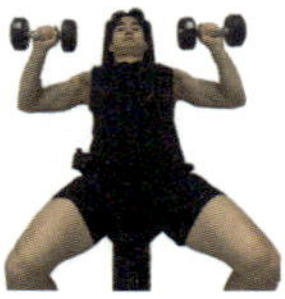
5	플랫 덤벨 플라이	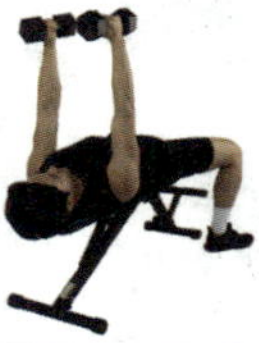	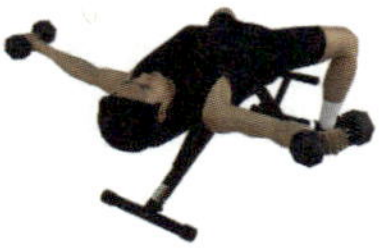
6	플랫 덤벨 풀오버	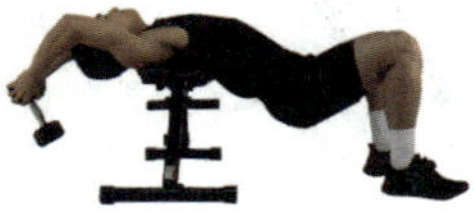	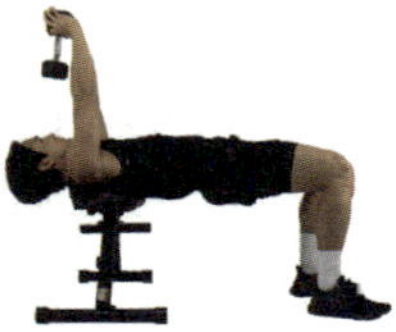

1	벤트오버 바벨 로우		
2	언더그립 바벨 로우		
3	벤트오버 원암 덤벨 로우		
4	뉴트럴그립 투암 덤벨 로우		
5	컨벤셔널 데드리프트		
6	루마니안 데드리프트		
7	바벨 굿모닝 엑서사이즈		
8	덤벨 쉬러그		
9	바벨 쉬러그		

1	스탠딩 밀리터리 프레스	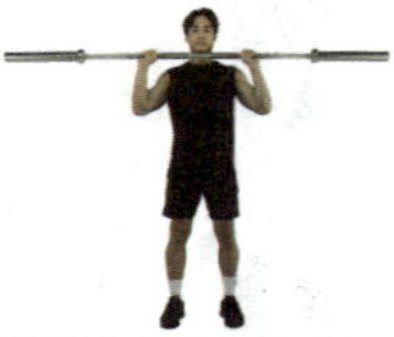	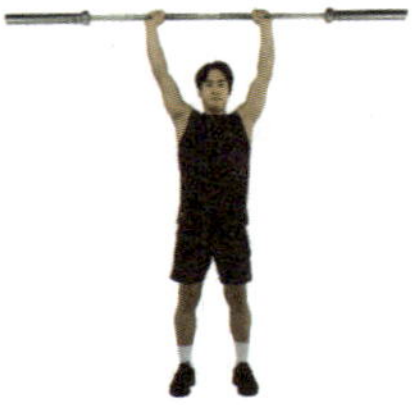
2	스탠딩 덤벨 숄더 프레스	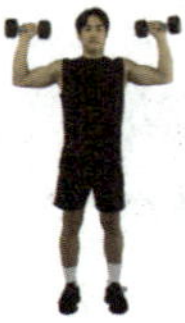	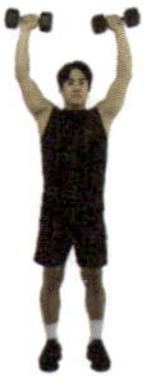
3	스탠딩 비하인드 넥프레스	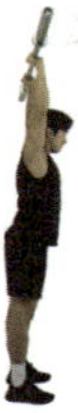	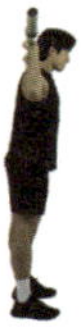
4	스탠딩 바벨 프런트 레이즈	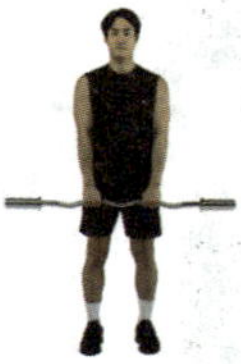	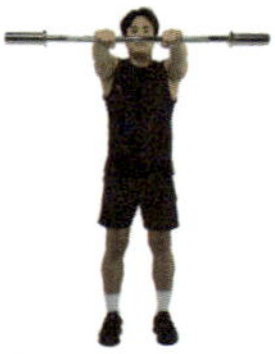
5	스탠딩 덤벨 프런트 레이즈	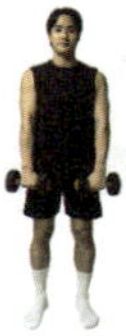	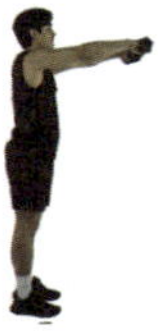
6	덤벨 벤트오버 레터럴 레이즈	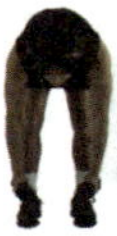	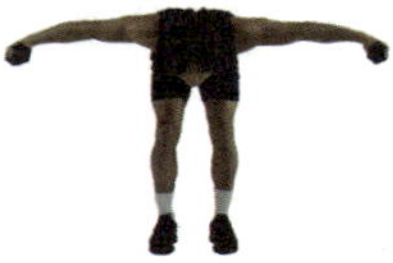
7	바벨 업라이트 로우	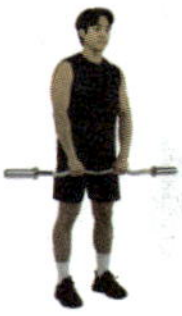	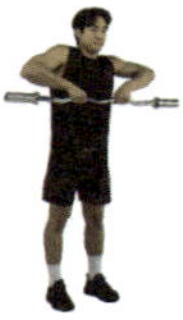

종목	1번 포징	2번 포징	3번 포징	4번 포징	5번 포징	6번 포징	7번 포징
(클래식) 보디 빌딩	프런트 더블 바이셉스	프런트 랫 스프레드	사이드 체스트	백 더블 바이셉스	백 랫 스프레드	사이드 트라이셉스	업도미널 앤 타이
클래식 피지크	프런트 더블 바이셉스	사이드 체스트	백 더블 바이셉스	사이드 트라이셉스	베큠 포즈	업도미널 앤 타이	클래식 포즈 오브 애슬렛티 스 초이스
남자 피지크, 핏모델	프런트 포지션	쿼터 턴 라이트	쿼터 턴 백	쿼터 턴 라이트			
여자 피지크	프런트 더블 바이셉스	사이드 체스트	백 더블 바이셉스	사이드 트라이셉스			
여자 피지크 (쿼터 턴) 여자 보디 피트 니스	프런트 포지션	쿼터 턴 라이트	쿼터 턴 백	쿼터 턴 라이트			
여자 비키니, 웰니스, 핏모델	프런트 포지션	쿼터 턴 라이트	쿼터 턴 백	쿼터 턴 라이트			

한눈에 보는 구술

- **규정**
  - 협회 규정
    - 종목 소개
      - 남자 (클래식) 보디빌딩
        - 클래식 피지크
        - 피지크
        - 핏모델
      - 여자 피지크
        - 보디 피트니스
        - 비키니
        - 웰니스
        - 핏모델
      - 지도방법
      - 예·결선 라운드
      - 복장 및 컬리링
      - 체급
    - 도핑
      - 정의
      - 검사 종류
      - 검사 방법
      - 치료목적사용면책
      - 소재지정보
    - 경기인
      - 정의
      - 등록
        - 구분
        - 기간 및 절차
        - 결격
  - 스포츠 인권
    - 스포츠 폭력
      - 정의
      - 원인
      - 유형
      - 예방법
        - 지도자
        - 선수
        - 학부모
      - 대처법
    - 스포츠 성폭력
      - 정의
      - 원인
      - 유형
      - 예방법
        - 지도자
        - 선수
        - 학부모
      - 대처법
      - 기타(성 그루밍, 성인지 감수성)
  - 생활체육
    - 목적 및 기능
    - 프로그램
      - 구성 원리
      - 단계
    - 지도자
      - 역할
      - 자질
  - 응급처치
    - 정의
    - 심폐소생술(CPR)
    - 자동심장충격기(AED)
    - RICES
    - 기도 폐쇄, 골절, 화상, 쇼크
      - 종류
      - 응급처치

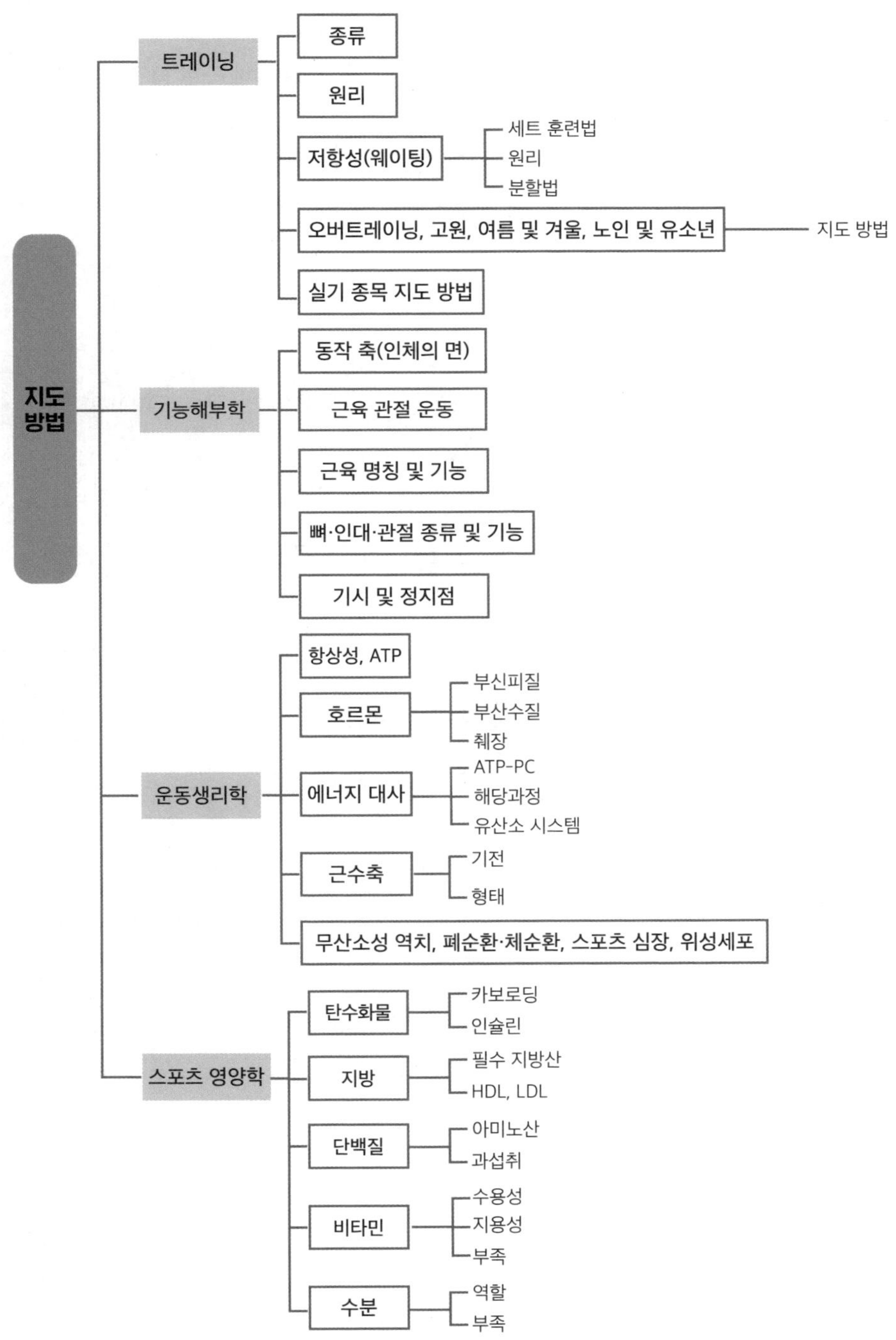

지도
방법

트레이닝
종류
원리
저항성(웨이팅)
세트 훈련법
원리
분할법
오버트레이닝, 고원, 여름 및 겨울, 노인 및 유소년
지도 방법
실기 종목 지도 방법

기능해부학
동작 축(인체의 면)
근육 관절 운동
근육 명칭 및 기능
뼈·인대·관절 종류 및 기능
기시 및 정지점

운동생리학
항상성, ATP
호르몬
부신피질
부산수질
췌장
에너지 대사
ATP-PC
해당과정
유산소 시스템
근수축
기전
형태
무산소성 역치, 폐순환·체순환, 스포츠 심장, 위성세포

스포츠 영양학
탄수화물
카보로딩
인슐린
지방
필수 지방산
HDL, LDL
단백질
아미노산
과섭취
비타민
수용성
지용성
부족
수분
역할
부족

01. 보디빌딩 심사방법 및 기준에 대해 설명하시오.

- 전체적인 체격의 비율과 대칭, 근육의 크기와 밸런스 발달에 대한 평가
    ① 벌크업(Bulk-up) : 근육의 크기 심사
    ② 데피니션(Definition) : 근육의 선명도를 심사
    ③ 컷(Cut) : 근육의 윤곽이 각을 이룬 상태를 심사 → 분리도

02. 10가지 종목 예·결선 라운드 방식

(1) 남자

		(클래식) 보디빌딩	클래식 피지크 (전문·1급)	피지크	남자 핏모델
예 선	예선	4가지 규정포즈		쿼터 턴	쿼터턴
	1 라운드	4가지 규정포즈 → 비교심사 참가 선수 결정 → 7가지 규정포즈 비교심사		쿼터턴 → 비교심사 참가 선수 결정 → 쿼터 턴 및 비교심사	
	2 라운드	-			1라운드와 동일 (단, 쿼터 턴 백포즈 제외)
결선 진출자 결정					
결 선	2 라운드	7가지 규정포즈 2회 → 포즈다운		쿼터 턴 2회	-
	3 라운드	개인 자유포즈(최대 60초)		-	개인 프레젠테이션 & 쿼터 턴(백포즈 제외)
	4 라운드	-		-	개인 프레젠테이션 (T-walking)
	오버롤	7가지 규정포즈 → 포즈다운		쿼터 턴 2회	쿼터 턴 2회 (백 포즈 제외)

(2) 여자

		여자				
		피지크	보디 피트니스	비키니	웰니스	핏모델
예선	예선 라운드	4가지 규정포즈	쿼터턴			
	1 라운드	4가지 규정포즈 → 비교심사 참가 선수 결정 → 쿼터 턴 & 4가지 규정포즈 비교심사	쿼터 턴 → 비교심사 참가 선수 결정 → 쿼터 턴 비교심사			
	2 라운드	-				1라운드와 동일
결선 진출자 선정						
결선	2 라운드	(쿼터 턴 & 4가지 규정포즈) 2회 → 포즈다운	개인 프레젠테이션 (I-walking) → 쿼터 턴 2회			-
	3 라운드	개인 자유 포즈 (최대 60초)	-			V-walking & 쿼터 턴 2회
	4 라운드	-	-			V-walking & 쿼터 턴 2회
	오버롤	(쿼터 턴 & 4가지 규정포즈) 2회	쿼터 턴 2회			쿼터 턴 2회

03. 10가지 종목 복장 및 컬러링 규정

(1) 남자 종목

	남자	
	시합복	컬러링
보디빌딩	• 대둔근 3/4, 전면 전체 가리는 단색 불투명한 트렁크 • 측면 폭 최소 5cm • 트렁크 안에 패딩 넣는 것 금지 • 신발, 안경, 시계 같은 장식품 착용 금지	• 지워질 수 있는 탄과 브론저 사용 금지 • 반짝거리는 펄, 황금빛 색 사용 금지 • 오일의 과도한 사용 금지
클래식 보디빌딩 클래식 피지크 (2급 전문, 1급 생활 출제)	• 대둔근, 전면 전체 가리는 단색 불투명한 소재 체조용 반바지 • 측면 폭 최소 15cm • 투명하지 않은 깔끔한 단색 착용 • 트렁크 안에 패딩 넣는 것 금지 • 신발, 안경, 시계 같은 장식품 착용 금지	
피지크	• 깔끔하고 단정하며 불투명한 신축성 있는 루즈핏 보드 반바지 • 다리 상부 전체 덮고 무릎 윗선까지 내림. • 기하학적 무늬 허용 • 새겨진 문자나 볼록한 장식 금지 • 신발, 안경, 시계 같은 장식품 착용 금지 • 트렁크 안에 패딩 넣는 것 금지	
핏모델	• 예선 라운드 · 1라운드 : 체조용 반바지 • 예선 2라운드 : 캐주얼한 스포츠웨어 • 결선 3라운드 : 체조용 반바지 • 결선 4라운드 캐주얼한 스포츠웨어 • 시상 및 오버롤 : 캐주얼한 스포츠웨어	

(2) 여자 종목

	여자	
	시합복	컬러링
피지크	• 대둔근 1/2이상과 전면 가려진 투명하지 않은 일반 비키니 • 신발 착용금지 • 끈으로 된 비키니 금지 • 헤어는 스타일링 가능 • 가슴 보형물을 제외한 안경, 시계, 가발 또는 인공 보형물 착용 금지 • 반지, 팔찌, 귀걸이를 제외한 장신구 착용 금지	• 지워질 수 있는 탄과 브론저 사용 금지 • 반짝거리는 펄, 황금빛 색 사용 금지 • 오일의 과도한 사용 금지
보디 피트니스 웰니스 비키니	• 전면 가려진 투명하지 않은 일반 비키니 (보디 피트니스 · 웰니스는 대둔근 1/2이상, 비키니는 1/3이상 가려진 비키니) • 힐의 높이 최대 12cm • 힐 앞굽의 두께 최대 1cm • 플랫폼 구두 금지 • 끈으로 된 비키니 금지 • 헤어는 스타일링 가능 • 가슴 보형물을 제외한 안경, 시계, 가발 또는 인공 보형물 착용 금지 • 반지, 팔찌, 귀걸이를 제외한 장신구 착용 금지	
핏모델	• 예선 라운드 · 1라운드: 이브닝 가운 착용 • 예선 2라운드: 수영복 착용 • 결선 3라운드: 이브닝 가운 착용 • 결선 4라운드 수영복 착용 • 시상 및 오버롤: 이브닝 가운 착용 • 장신구 착용은 선택 사항(금지 장신구: 목걸이, 체인, 왕관, 피어싱, 시계) • 헤어는 스타일링 가능 • 가슴 보형물을 제외한 안경, 시계, 가발 또는 인공 보형물 착용 금지	

04. 피트니스 챌린지에 대해 설명하시오.

- 6개의 근력 운동 스테이션으로 구성된 순환형 서킷 종목으로 외형 중심이 아닌 기능성 중심의 근육 수행 능력 평가하여 다양한 연령층의 참여를 장려하는 종목이다. 동작과 수행 레벨에 따라 골드, 실버, 브론즈 레벨로 나뉘어진다.

05. 도핑 검사에 대해 설명하시오.

- 경기력을 향상시킬 목적으로 사용한 금지 약물에 대해 검사를 통해 양성반응이 일어나는지 검사하는 것으로 주로 소변이나 혈액 샘플을 통해 분석

06. 검사시기 별 도핑검사에 대해 설명하시오.

- 경기기간 중 : 선수가 참가하기로 예정된 경기의 전일 오후 11:59분부터 해당 경기 및 그 경기에 관련된 시료채취가 끝나는 시점까지의 기간
- 경기기간 외 : '경기기간 중'이 아닌 도핑검사 시간

07. 검사대상명부(RTP)와 검사대상후보명부(TP)에 대해 설명하시오.

- 검사대상명부 : 국가 수준의 최상위 선수(소재지정보, 도핑 등 검사 강도가 더 높음)
- 검사대상후보명부 : 검사대상명부에 포함되지 않은 차상위 선수(검사 강도가 검사대상명부보다는 낮음)

08. 도핑 검사 과정에 대해 설명하시오.

① 도핑 검사 계획 ② 검사관 배정 ③ 대상자 선정 ④ 선수통지 및 위반 ⑤ 시료제공 입회 ⑥ 도핑검사 서류 작성 ⑦ 시료운송 ⑧ 시료분석 ⑨ 결과관리 ⑩ 시료장기보관

09. 도핑 소변검사를 혈액검사로 대체가 가능한지 설명하시오.

- 불가능, 소변이 나오지 않는다면 검사관 안내에 따라 수분을 섭취하고 재검사 준비

10. 치료목적사용면책과 승인 조건에 대해 설명하시오.

- 금지약물 또는 금지방법의 사용이 필요한 의학적 상태에 있을 경우 치료목적으로 금지약물 또는 금지방법의 사용을 허가하는 것.
- 대표적인 승인조건
  1) 금지약물 또는 금지방법이 질병 치료목적으로 사용되는 경우
  2) 치료목적으로 사용됐지만 회복 이상의 추가적 경기력 향상을 일으키지 않는 경우

11. 소재지정보와 불이행에 대해 설명하시오.

- 도핑검사를 효과적으로 수행하기 위하여 한국도핑방지위원회는 선수의 정확한 위치를 파악하기 위한 목적으로 소재지정보를 관리한다.
- 불이행
  1) 제출불이행 : 정당한 사유 없이 KADA가 지정한 마감기한 내에 소재지정보를 제출하지 않는 경우
  2) 검사불이행 : 정당한 사유 없이 선수가 지정한 소재지에서 특정 60분 단위시간 동안 검사를 받지 않는 경우

12. 대표적인 금지 약물 3가지 설명하시오.

- 동화작용제(아나볼릭제재), 성장호르몬, 이뇨제

13. 경기인에 대해 설명하시오.

- 선수, 지도자, 심판, 선수 관리담당자

14. 경기인 등록 구분에 대해 설명하시오.

- 12세 이하 부, 15세 이하 부, 18세 이하 부, 대학부, 일반부가 있다. 12세 이하 부, 15세 이하 부는 육성목적으로 구분되고 18세 이하 부, 대학부, 일반부는 생활체육과 전문체육으로 구분된다.

15. 경기인 등록 기간 및 절차에 대해 설명하시오.

1) 전문체육
   - 1차 : 2026년 4월 10일(금)까지
   - 2차(추가) : 2026년 7월 10일(금)부터 30일(목)까지
2) 생활체육, 지도자, 심판, 선수관리담당자 : 상시 등록
3) 경기인 등록 절차
   ① 본인이 직접 등록시스템(대한체육회 스포츠 지원 포탈)을 통해 등록신청서를 시·도지부에 제출한다. 1차(시·도지부), 2차(대한보디빌딩협회) 승인이 완료되면, 선수 등록 완료
   ② 본인 확인이 불가한 경우에는 사유서, 등록신청서, 동의서를 시·도지부에 제출한다.

16. 경기인 등록의 결격 사유에 대해 설명하시오.

1) 선수·심판·지도자·선수관리담당자로서 제명의 징계를 받은 사람
2) 관계단체로부터 자격정지를 징계를 받고 그 처분이 종료되지 않은 사람
3) 각종 범죄(폭력, 성 관련, 승부 조작, 횡령·배임 등)로 인해 징계를 받은 사람
4) 심판 및 선수 중복 등록이 된 사람

01. 스포츠 인권 침해에 대해 설명하시오.

   • 경기 실적을 빌미로 선수 및 보호자에게 협박, 갑질, 폭행, 체벌, 기합, 과도한 훈련을 하는 것을 의미

02. 스포츠 폭력에 대해 설명하시오.

   • 스포츠인을 대상으로 폭행 및 감금, 갈취, 협박 등 정신적 · 신체적 · 금전적으로 피해를 가하는 행위

03. 스포츠 폭력 원인 3가지를 제시하시오.

   • 폭력의 재생산, 묵인, 정당화

04. 스포츠 폭력 유형 3가지를 제시하시오.

   • 신체적 폭력, 방관자 입장의 폭력, 정신적 폭력

05. 스포츠 폭력 예방법에 대해 설명하시오.

   1) 지도자: 기합, 가혹행위 금지, 선수에게 정당한 훈련 지시 및 원활한 소통
   2) 선수: 기합, 가혹행위, 상대 선수에게 욕설 및 위협, 사적 심부름 금지
   3) 학부모: 자녀와의 대화, 피해사실을 바로 알리도록 교육

6. 스포츠 성폭력에 대해 설명하시오.

   • 스포츠 영역에서 자신의 지위와 권력 등을 이용하여 타인의 동의 없이 언어적·신체적·정신적으로 성적 자기 결정권을 착취하는 행위

07. 스포츠 성폭력 원인 3가지를 제시하시오.

   • 힘의 차이, 성차별적 문화, 왜곡된 성 인식

08. 스포츠 성폭력 유형 4가지를 제시하시오.

   • 신체적 성폭력, 정신적 성폭력, 디지털 성폭력, 2차 피해

09. 스포츠 성폭력 예방법에 대해 설명하시오.

　1) 지도자 : 성적 불쾌감을 유발하는 언행과 신체 부위 언급 금지(SNS 포함),사전 동의 하 숙소 방문

　2) 선수 : 경기나 훈련 중 성적 불쾌감을 유발하는 농담, 신체 부위 언급 금지(SNS 포함), 락커룸이나 샤워실에서 동료선수 신체 부위 언급 금지

　3) 학부모 : 자녀에게 성희롱 또는 성폭력에 대한 명확한 인식을 심어주고, 피해사실을 바로 알리도록 교육, 지도자 성범죄 전적 확인

10. 스포츠 성폭력 사건 피해 발생 시 처리 절차에 대해 설명하시오.

　① 사건 발생(안전 확보) ② 증거 확보 ③ 상황 신고하기 ④ 사건 조사 및 처리

　⑤ 사후 관리(치유, 회복)

11. 성 그루밍에 대해 설명하시오.

　• 피해자와 친분을 쌓아 심리적으로 지배를 한 후 언어적·신체적 성적 착취를 가하는 행위

01. 생활체육 목표에 대해 설명하시오.

- 건강과 체력 증진, 건전한 여가생활, 공동체 의식의 증진

02. 생활체육 기능 3가지를 설명하시오.

1) 사회적 기능: 사회 구성원이 조화를 이루며 공동체 의식 강화

2) 생리적 기능: 신체적 건강 유지 및 증진

3) 심리적 기능: 긴장, 갈등, 스트레스 완화

03. 생활체육 프로그램 구성 원리를 설명하시오.

- 평등성, 창조성, 욕구반영성, 다양성, 전문성, 평가성, 보완성, 편의성, 전달성, 자발성

04. 생활체육 프로그램 기획 단계에 대해 설명하시오.

① 프로그램 목적 및 철학 이해 ② 요구 조사 ③ 프로그램 목적 및 목표 설정

④ 프로그램 계획 ⑤ 프로그램 실행 ⑥ 프로그램 평가 및 피드백

05. 생활체육 지도자 역할에 대해 설명하시오.

- 생활체육 프로그램 개발, 전문적 지식 전달, 체력진단 및 운동처방, 체육시설 관리 및 사고 예방

06. 생활체육 지도자 자질에 대해 설명하시오.

- 의사전달능력, 도덕적 품성, 공정성 및 사명감, 활달하고 강인한 체력

07. 생활체육 지도 원리에 대해 설명하시오.

- 개인차 고려, 과학적이고 체계적 지도, 자발적 참여 지도, 정확하고 올바른 지식 전달

08. 연령대별(생애주기별) 생활체육 프로그램 목적을 설명하시오.

1) 유아기 : 놀이중심 건강한 성장 기반 마련,

2) 아동기 : 다양한 스포츠 활동을 통한 기초 체력과 사회성 발달

3) 청소년기 : 2차 성징 발현기로 신체적 및 정서적 균형 발달

4) 성인기 : 건강 유지와 삶의 질 향상, 유산소와 저항운동을 통한 신체 밸런스 강화

5) 노년기 : 레크레이션을 통한 근력과 유연성 유지, 고립감 해소 및 사회 참여 확대

4. 응급 처치

01. First aid에 대해 설명하시오.

- 갑자기 발생한 부상이나 질환에 대한 최소한의 긴급 처치

02. 3C에 대해 설명하시오.

① Check(현장과 부상자 확인), ② Call(119 신고), ③ Care(119 도착 전 응급처치)

03. 심폐소생술 순서에 대해 설명하시오.

① 의식 확인 ② 119 신고 ③ 호흡 확인 ④ 가슴압박 30회 시행 ⑤ 인공호흡 2회
⑥ 가슴압박과 인공호흡 반복 ⑦ 회복자세

04. AED 작동법과 주의사항에 대해 설명하시오.

1) 작동법 : 전원 키고 패드를 오른쪽 쇄골 밑, 왼쪽 유두 옆 겨드랑이선에 각각 부착 →
   리듬분석 및 심장충격 실시 → 충격 직후 가슴 압박 실시
2) 주의사항 : 패드 부착 시 몸에 물 묻었는지 확인 금속물질 소지여부 확인, 리듬분석
   및 충격 시 사람 접촉 금지

05. RICES 응급 처치법에 대해 설명하시오.

① Rest(안정) ② Ice(얼음찜질) ③ Compression(압박) ④ Elevation(거상) ⑤ Splint(고정)

06. 저혈당 쇼크에 대해 설명하시오.

- 혈당이 정상보다 많이 낮아 쇼크가 발생하는 경우로 빠른 시간 안에 당질이 함유된
  제품 섭취

07. 쇼크 종류 4가지를 제시하시오.

- 출혈성 쇼크(많은 출혈), 심인성 쇼크(심장 펌프 기능 상실), 신경성 쇼크(혈관 조절
  문제), 패혈성 쇼크(패혈증)

08. 기도 폐쇄 유형 2가지에 대해 설명하시오.

1) 부분 폐쇄 : 기도가 완전히 막히지는 않았지만 호흡에 어려움이 있는 상태 → 기침 유도
2) 완전 폐쇄 : 기도가 완전히 막혀 호흡이 불가능한 상태 → 하임리히법 실시

09. 화상 종류에 대해 설명하시오.

1) 1도 화상: 피부의 표피 층에만 부상을 입은 경우 → 흐르는 차가운 물로 10~20분
2) 2도 화상: 진피까지 부상을 입은 경우 → 흐르는 차가운 물로 10~20분
3) 3도 화상: 지방층까지 모두 부상을 입은 경우 → 병원으로 즉시 이동

10. 연부조직 손상에 따른 골절 2가지를 설명하시오.

   1) 개방성 골절: 뼈가 부러져서 피부를 뚫고 나오는 경우

   2) 폐쇄성 골절: 뼈가 부러지긴 했지만 피부를 뚫고 나오지 않은 경우

01. 보디빌딩에 대해 설명하시오.

- 바벨·덤벨 등의 기구를 사용하면서 다양한 방법을 통해 신체를 단련한 근육의 아름다움을 겨루는 스포츠이다

02. 프리웨이트와 머신을 이용한 운동의 장 · 단점을 설명하시오.

- 프리웨이트는 다양한 근육들을 자극하여 근육이 밸런스를 향상시킬 수 있다는 장점이 있지만 부상의 가능성이 높음. 반대로, 머신을 이용하면 부상의 위험성이 적으나 프리웨이트에 비해서 근육의 협응력과 밸런스 발달 효과는 낮다.

03. Set와 Rep에 대해 설명하시오.

- Set : 반복적으로 수행한 운동 횟수의 묶음 → 10Rep 1회 반복 1SET
- Rep : 세트 당 반복한 횟수 → 1SET당 10Rep(10개)

04. 발살바 호흡법에 대해 설명하시오.

- 호흡을 강하게 들이마시어 복압을 높이는 호흡법으로, 근육이 수축할 때 상체의 지지력을 견고하게 만들어 강한 힘을 발휘한다. ※ Lock-Check(록첵) : 최대 수축구간에서 호흡을 멈추는 상태

05. 주동근과 길항근에 대해 설명하시오.

1) 주동근(작용근)은 어떤 운동을 수행할 때 주로 사용되어 가장 큰 힘을 내는 근육
2) 길항근(대항근)은 어떤 근육이 하는 작용에 대해 반대되는 작용을 하는 근육

06. FITT에 대해 설명하시오.

- Frequency(빈도), Intensity(강도), Time(시간, 기간), Type(형태, 양식)

07. MET에 대해 설명하시오.

- 신체 활동 강도를 나타내는 지표 중에 하나로 대사당량이라고도 부른다. 활동하는 동안의 단위 체중당 산소 혹은 에너지 소모량으로 계산한다. 1MET=3.5ml/kg/min

08. 최대심박수 공식에 대해 설명하시오.

- 최대심박수 : (220-나이) ※ 여유심박수: 최대심박수 - 안정심박수
  목표심박수 : 여유심박×운동강도(%) + 안정심박수

09. 일일 소비 에너지에 대해 설명하시오.

　　1) 기초 대사량 : 생명을 유지하기 위한 최소 에너지 **예** 호흡, 혈액순환, 체온 유지 등

　　2) 활동 대사량 : 운동이나 일상 생활에서 발생하는 에너지 **예** 신체활동에 의한 에너지

　　3) 발열 대사량 : 음식 섭취 후 소화 · 흡수 과정에서 발생하는 열 에너지 **예** 식이유발
　　　 성 열생산

10. 초과회복에 대해 설명하시오.

　　• 근육이 운동으로 인한 손상 후에 이를 회복하는 것을 넘어서, 더 강한 부하에 대응할
　　　수 있도록 근육 자체를 강화하는 과정을 의미한다.

11. 준비운동 필요성에 대해 설명하시오.

　　• 준비운동은 관절의 가동범위를 넓히고 근육은 물론 인대와 힘줄의 탄력성을 높여
　　　부상위험을 감소시키기 때문에 신체활동 전에 몸을 운동에 적합한 상태로 준비하는
　　　게 효과적이다.

12. 지연성 근통증(DOMS)에 대해 설명하시오.

　　• 운동 후 1일에서 3일에 걸쳐 서서히 나타나는 근통증으로 평소에 덜 사용한 근육을
　　　무리하게 사용하거나 신장성 수축 동작을 많이 할 경우에 근섬유의 미세 손상과 염
　　　증 반응으로 통증이 유발된다.

13. 트레이닝 원리에 대해 설명하시오.

　　• 과부하의 원리, 특이성의 원리, 개별성의 원리, 반복성의 원리, 가역성의 원리, 다양
　　　성의 원리, 전면성의 원리, 점진성의 원리

14. 서킷 트레이닝에 대해 설명하시오.

　　• 여러 가지 운동을 일정한 순서대로 돌아가면서 실시하는 트레이닝
　　　예 팔굽혀펴기 20회 → 사이드 스텝 30회 → 턱걸이 10회 → 줄넘기 100회를 반복

15. 피라미드 훈련법에 대해 설명하시오.

　　• 처음에는 가벼운 무게로 많은 횟수를 시작으로 점차 무게를 늘리고 횟수를 줄이는
　　　훈련법 **예** 벤치프레스 1set 40kg 20회, 2set 60kg 10회, 3set 80kg 3회

16. 컴파운드 세트와 슈퍼 세트를 비교하시오.

　　1) 같은 근육 부위 2가지 운동을 연속적으로 휴식 없이 수행 **예** 이두근 : 바벨컬 + 덤벨컬

　　2) 길항작용을 하는 근육 부의 운동을 묶어서 연속적으로 휴식 없이 수행 **예** 바벨컬(이
　　　두) 후 라잉 트라이셉스 익스텐션(삼두)

17. 플러싱 원리에 대해 설명하시오.

- 신체 한 부분에 여러 가지 운동으로 집중적인 부하를 전달하여 해당 부위의 펌핑을 극대화시켜 노폐물은 배출하고, 산소와 영양을 극대화하는 원리

18. 선피로 원리에 대해 설명하시오.

- 부상을 예방하기 위해 가벼운 운동(단순관절 운동)에서 무거운 운동(복합관절 운동)으로 진행 예 덤벨 플라이 후 벤치프레스

19. 번즈 트레이닝에 대해 설명하시오.

- 한 세트에서 목표 반복 횟수를 달성한 후 완전한 동작이 아닌 부분 동작으로 근육 자극을 끝까지 이어가는 훈련

20. 분할법에 대해 설명하시오.

- 운동의 효율성과 근육의 휴식을 고려한 훈련방법으로 신체부위별로 나누어 규칙적인 주기에 맞춰서 수행하는 것 예 2분할법, 3분할법, 무분할법

21. 근비대에 가장 중요한 3요소에 대해 설명하시오.

- 운동, 영양 휴식

22. ROM에 대해 설명하시오.

- ROM(range of motion)은 관절이 움직일 수 있는 최대한의 범위. 관절의 유연성과 근육의 건강 상태를 평가하는데 사용됨. ROM이 높으면 운동 퍼포먼스를 높일 수 있음

23. 트레이닝 주기화에 대해 설명하시오.

- 기간에 따라 단계별 계획을 체계적이고 점진적으로 세워 훈련을 실시하는 것으로 자신에게 맞는 다양한 훈련 방법을 통해 트레이닝 효율을 높일 수 있다.

24. 오버 트레이닝에 대해 설명하시오.

- 자신이 감당할 수 있는 수준의 강도를 넘는 트레이닝을 실시하여 근육 발달과 회복 사이에 불균형이 일어나 피로, 무기력이 발생하는 현상 → 충분한 휴식과 영양섭취, 강박관념 내려놓기

01. 동작 축(인체의 면)에 대해 설명하시오.

    1) 수평면(수직축) : 신체를 상,하로 나누는 가상의 면 예) 외회전, 내회전

    2) 시상면(좌우축) : 신체를 좌,우로 나누는 가상의 면 예) 굴곡, 신전

    3) 관상면(전후축) : 신체를 앞,뒤로 나누는 가상의 면 예) 내전, 외전 운동

02. 근육 관절 운동에 대해 설명하시오.

    1) 굴곡 : 굽히는 것 또는 신체부위 각도가 감소하는 것

    2) 신전 : 펴는 것, 굴곡 자세에서 해부학적 자세로 돌아가는 반대 동작

    3) 외전 : 벌리는 것, 신체 정중선에서 멀어지는 동작

    4) 내전 : 모으는 것, 외전자세에서 해부학적 자세로 돌아가는 반대 동작

    5) 내회전 : 안쪽으로 돌리는 것

    6) 외회전 : 바깥쪽으로 돌리는 것

    7) 수평내전 : 팔을 90도로 외전한 다음 앞으로 이동

    8) 수평외전 : 팔을 90도로 외전한 다음 뒤로 이동

    9) 회외 : 손바닥이 하늘을 향하게 보는 것

    10) 회내 : 손등이 하늘을 보는 것

    11) 거상: 견갑을 올리는 것

    12) 하강 : 견갑을 내리는 것

    13) 전인 : 관절이 앞으로 이동하는 동작(주로 견갑골에서 나타남)

    14) 후인 : 관절이 뒤로 이동하는 동작(주로 견갑골에서 나타남)

03. 근육 기시점 정지점에 대해 설명하시오.

    1) 기시점(origin) : 근육이 시작되는 지점으로 몸의 중앙에서 가까운 지점

    2) 정지점(insertion) : 근육의 끝나는 지점으로 몸의 중앙에서 먼 지점

      → 안정된 뼈 쪽에 붙은 근육의 부위를 기시점, 이동이 좋은 뼈 쪽에 붙은 근육의 부
        위를 정지점

04. 주요 근육 부위 기능에 대해 설명하시오.

(1) 하체
- 대퇴사두근 : 무릎을 신전하는(펴는) 기능 / 대퇴직근, 중간광근, 외측광근, 내측광근으로 구성
- 햄스트링 : 허벅지를 뒤로 드는, 무릎을 굽히는 기능 / 대퇴이두근, 반건양근, 반막근으로 구성
- 둔근 : 무릎을 바깥으로 하는, 다리를 뒤로 차는 기능 / 대둔근, 중둔근, 소둔근으로 구성
- 비복근 : 발꿈치를 들어 올리는, 무릎을 굽히는 기능

(2) 복근
- 복직근 : 골반을 고정 시 상체를 앞으로 숙이는 기능, 상체를 고정 시 골반 위쪽이 뒤로 기울여지는 기능
- 외복사근·내복사근 : 몸통을 굽히거나 회전하는 기능

(3) 가슴
- 대흉근 : 팔을 안쪽으로 모으는, 팔로 미는 또는 던지는 기능
- 소흉근 : 어깨를 앞으로 모아 몸을 움츠리는 기능
- 전거근 : 견갑골을 밖으로 돌리고 흉곽에 밀착시켜 앞으로 미는 기능

(4) 팔
- 상완삼두근 : 팔꿈치를 펴는 기능 / 내측두, 외측두, 장두로 구성
- 상완이두근 : 팔꿈치를 굽히는 기능 / 장두, 단두로 구성
- 전완근 : 손목을 위로 올리거나 내리는, 손목을 회내 · 회외 하는 기능

(5) 등
- 광배근 : 팔을 몸에 붙이는, 팔을 안쪽으로 돌리는 기능
- 승모근 : 어깨를 위로 올리는, 모으는, 내리는 기능
- 척추기립근 : 상체를 세우는 기능

(6) 어깨
- 전면삼각근 : 팔을 앞쪽으로 들어올리는, 팔을 안쪽으로 미는, 팔을 위로 미는 기능
- 측면삼각근 : 팔을 옆으로 벌리는 기능
- 후면삼각근 : 위팔을 뒤로 보내는, 위팔을 수평으로 등 쪽으로 당기는 기능

05. 심부 근육에 대해 설명하시오.
- 코어 근육이라고 불리는 근조직으로 신체 중심을 지지하는 역할과 관절의 원활한 움직임을 돕고 신체 하중을 지탱함. **예** 복횡근, 횡경막, 다열근, 골반저근

06. 뼈의 역할에 대해 설명하시오.

- 뼈는 우리 몸의 구조를 지지하고 내부 장기를 보호하며 근육수축 시 지렛대 역할을 하며 움직임을 도움. 성인은 총 206개로 구성되며 아동은 260~70개였다가 성인이 되면서 일부 합쳐짐.

07. 인대 역할에 대해 설명하시오.

- 뼈와 뼈 사이 연결부위에 위치한 섬유성 결체조직으로 관절의 안정성을 유지하고, 관절을 움직이는 데 도움을 줌.

08. 관절 역할에 대해 설명하시오.

- 관절은 뼈와 뼈 사이를 이어주는 역할. 관절의 구조로는 골막, 인대, 관절강, 관절연골 등 으로 이루어져 있다.

09. 회전근개 역할과 구조에 대해 설명하시오.

- 회전근개는 어깨관절의 안정성과 움직임을 제공하며 팔을 들어올리거나 어깨를 안쪽, 바깥쪽으로 비틀 때 사용됨. 회전근개는 극상근, 극하근, 소원근, 견갑하근으로 이루어져 있음.

10. 무릎 인대 종류 4가지를 제시하시오.

- 외측인대, 내측인대, 전방십자인대, 후방십자인대

01. 동화 작용과 이화 작용에 대해 설명하시오.

1) 동화 작용: 복잡하고 큰 물질을 합성하는 과정 **예** 단백질 합성

2) 이화 작용: 복잡한 물질을 더 간단한 물질로 분해하는 과정 **예** 단백질 분해

02. 근육의 역할에 대해 설명하시오.

1) 우리 몸의 골격을 이루는 뼈에 부착하여 관절을 움직여 운동을 가능하게 함

2) 심장과 내장기관을 움직여 생명유지에 중요한 기능

3) 자세유지, 체온유지를 위한 열을 생성

03. 지근과 속근에 대해 설명하시오.

1) 지근 : 붉은색을 띈 근섬유로 적근이라고도 함. 산소를 이용하여 에너지 만드는 능력
이 좋아 지구성 운동에 적합하고 굵기가 가늘어 부피가 쉽게 커지지 않음.

2) 속근: 백색을 띠는 근섬유로 백근이라고도 함. 순간적인 힘을 내는 데 유용하여 무
산소성 운동에 적합함. 근섬유 굵기가 굵어 부피가 쉽게 커짐.

04. 근력을 결정하는 요인 4가지를 제시하시오.

- 근육의 단면적, 신경 요인, 근섬유 유형, 근육의 길이

05. 근수축 기전 순서에 대해 설명하시오.

① 운동 신경 자극 : 운동신경에 활동전위 발생하면 신경 말단에서 아세틸콜린 분비

② 신경 접합부 흥분 : 근섬유막에 탈분극 발생

③ 활동전위 전달 : 탈분극이 근섬유 내부로 전달

④ 칼슘 방출 : 탈분극이 근형질세망을 자극하여 칼슘 방출

⑤ 결합 부위 노출 : 칼슘이 트로포닌에 결합하고 액틴의 미오신 결합 부위가 노출

⑥ 액틴과 미오신 결합 : 교차가교 형성

⑦ 수축 : ATP가 분해되며 근육이 짧아짐(수축)

⑧ 이완 : 칼슘이 다시 근형질세망으로 들어가고 ATP 결합, 근육 이완

06. 근육 수축 형태 3가지를 설명하시오.

1) 등장성 : 근육의 길이 변화가 있으면서 근력이 발휘되는 수축 **예** 단축성, 신장성 수축

2) 등척성 : 근육의 길이 변화가 없으면서 근력이 발휘되는 수축 **예** 벽밀기

3) 등속성 : 외부에서 가해지는 힘과 상관없이 정해진 속도로 움직임 **예** 전문재활 기구

07. 근방추와 골지건기관에 대해 설명하시오.

 1) 근방추 : 근육 속에 근육의 길이 변화를 감지하는 감각수용기로 갑작스런 신장을 막
 아 자세 안정 역할 **예** 무릎 아래 두드리면 다리가 튀는 슬개건 반사
 2) 골지건기관 : 건(힘줄)에 있는 수용기관으로 근육 장력을 감지하여 무리할 경우 이
 완하여 근육과 건을 보호 **예** 무거운 중량에서 힘이 풀리는 느낌

08. ATP에 대해 설명하시오.

 • 아데노신3인산으로 불리는 유기화합물로 모든 생명체가 근육 수축, 물질 합성과 같
 은 생명활동을 유지하는데 필수적인 역할을 한다.

09. ATP-PC 시스템에 대해 설명하시오.

 • 산소 없이 크레아틴 인산(PC)을 이용하여 약 10초 동안 폭발적인 에너지를 빠르게
 공급하는 무산소 에너지 시스템이다. 젖산 생성은 거의 없다.

10. 젖산 시스템(해당 과정)에 대해 설명하시오.

 • 포도당을 분해해서 에너지(ATP)를 만들고 젖산이 생성되는 무산소 에너지 시스템이
 다. 당이 분해되서 해당과정이라고도 하며 에너지 생성과정에서 부산물인 젖산을 생
 성시켜 젖산시스템이라고도 한다.

11. 유산소 시스템(산화적 시스템)에 대해 설명하시오.

 • 산소를 이용하여 ATP를 합성하는 것으로 운동 시 산소가 충분할 때 글리코겐과 지
 방을 산화하여 ATP를 합성함. 피로 물질(젖산)이 적게 축적되어 장시간 운동이 가능

12. 렙틴, 그렐린 호르몬에 대해 설명하시오.

 1) 랩틴 : 지방세포에서 분비되는 호르몬으로 흔히 '포만 신호'라고 불림.
 2) 그렐린 : '배고프니 먹어라'라고 뇌에 신호 보내는 공복 호르몬

13. 무산소성 역치에 대해 설명하시오.

 • 운동 강도가 증가하여 신체가 유산소 시스템만으로 에너지 공급이 부족하다고 판단
 하여 근육 내의 에너지를 사용하는 무산소 시스템을 가동하는 시점

14. 포도당 신생 합성에 대해 설명하시오.

 • 포도당 신생 합성은 간과 신장에서 주로 일어나는 과정으로, 탄수화물이 아닌 전구
 체(젖산, 글리세롤, 아미노산)로부터 포도당을 새롭게 합성하는 과정

15. 부신수질과 부신피질에서 분비되는 대표적인 호르몬을 설명하시오.

　　1) 부신피질 : 대사 및 항상성 유지 → 코티졸, 성호르몬, 알도스테론

　　2) 부신수질 : 신체활동 준비 및 긴급상황 대처 → 카테콜아민, 에피네프린, 노르에피네
　　　프린

16. 에피네프린 기능에 대해 설명하시오.

　　• 심장을 강하게 수축시켜 심박수와 혈압 증가 시킴, 근육과 뇌로 혈액 공급을 증가시
　　켜 급박한 상황에서 신체 반응을 최적화 시킴. 기관지 확장으로도 작용한다.

17. 췌장에서 분비되는 대표적인 호르몬에 대해 설명하시오.

　　1) 인슐린 : 혈액 속의 포도당 수치인 혈당을 낮추는 역할을 함. 혈당이 높아지면 인슐
　　린이 분비되고, 혈액 내 포도당을 세포내로 이동시켜 글리코겐의 형태로 저장하는
　　작용을 한다.

　　2) 글루카곤 : 인슐린과는 반대로 혈당을 올리는 역할을 함. 주로 공복 상태이거나 혈
　　당이 낮아질 때 분비됨. 간에 저장된 글리코겐을 포도당으로 분해함.

18. 남성 호르몬과 여성 호르몬에 대해 설명하시오.

　　1) 남성 호르몬 : 남성의 2차 성징에 영향을 주는 호르몬으로 근육과 골격, 골밀도를 발달

　　2) 여성 호르몬 : 여성의 2차 성징 발현에 영향을 주며 근육과 뼈의 생성 등에 작용하며
　　근육량 감소, 지방 축적 증가에 영향

19. 위성세포에 대해 설명하시오.

　　• 근육의 회복과 성장을 돕는 근육 줄기세포로서 근육운동으로 손상된 부분을 복구

20. 폐순환과 체순환에 대해 설명하시오.

　　• 전신에 영양소와 산소를 공급하고 이산화탄소와 노폐물을 제거하는 기능
　　1) 폐순환 : 우심실 - 폐동맥 - 폐의 모세혈관 - 폐정맥 - 좌심방 → 심장에서 폐로 혈
　　액이 이동하여 산소를 공급받고 다시 심장으로 돌아오는 순환(가스 교환)
　　2) 체순환 : 좌심실 - 대동맥 - 온몸의 모세혈관 - 대정맥 -우심방 → 심장에서 전신
　　조직으로 산소와 영양소를 공급하고 다시 심장으로 돌아오는 순환(산소와 영양
　　공급)

21. 스포츠 심장에 대해 설명하시오.

　　• 스포츠를 통해 단련된 심장으로 1회 심박출량이 많아 심박수가 적게 나오는 특징이
　　있으며 신체조직에 충분한 혈액을 공급할 수 있어 스포츠 활동에 유리

01. 항상성에 대해 설명하시오.

- 생명의 특성 중 하나로, 상대적 평형 상태를 유지하려는 성질을 말함. 어느 한 곳에 불균형이 생기면 스스로의 힘으로 불균형을 완화하는 방향으로 자연스럽게 움직이게 됨.

02. 수분이 인체에 어떤 역할을 하는지 설명하시오.

- 혈액을 구성하는 성분으로 우리 몸의 70% 정도 차지하는 중요 성분이다. 영양소를 운반하면서 체내 노폐물을 제거한다. 또한 체온조절, 대사산물의 배설 등의 역할을 수행

03. 음식물 섭취 시 소화과정에 대해 설명하시오.

① 입 : 음식물을 이로 잘게 부숴 삼킬 수 있게 함.

② 식도 : 음식물이 위로 이동하는 통로

③ 위 : 소화를 돕는 액체를 분비하여 음식물을 섞고 더 잘게 쪼갬.

④ 소장 : 소화를 돕는 액체를 분비하고 음식물을 잘게 분해하여 영양소를 흡수함.

⑤ 대장 : 음식물의 찌꺼기의 수분을 흡수

⑥ 항문(배출) : 소화되지 않은 찌꺼기를 배출

04. 단백질을 에너지원으로 과다 섭취 시 부작용에 대해 설명하시오.

- 소화흡수가 느려져 소화장애(변비) 및 신장 부담이 증가, 동물성 단백질을 많이 먹게 되면 체내 요산이 증가하고 소변을 통해 배출됨. 심해지면 요로결석이 발생함.

05. 음의 단백질에 대해 설명하시오.

- 단백질 섭취량보다 단백질 분해량이 많은 상태로 운동 후 영양섭취가 부족하거나 평소 단백질 섭취가 부족한 경우

06. 웨이트 트레이닝을 할 때 사용되는 영양소를 설명하시오.

- 탄수화물을 주로 이용하고 고갈되면 지방, 단백질 순으로 이용한다. 특히 단백질은 극단적인 고강도 장시간 운동에 에너지원으로 사용된다

07. 카보 로딩에 대해 설명하시오.

- 일정 기간동안 탄수화물을 줄여 탄수화물이 고갈될 시점에 탄수화물을 많이 섭취함으로써 근육 내 탄수화물 저장량을 높여 근육이 더 크게 보이거나 근질을 더욱 높이는 방법으로 탄수화물 로딩, 글리코겐 로딩이라고도 함.

08. 필수 아미노산과 비필수 아미노산에 대해 설명하시오.

1) 필수 아미노산은 생명을 유지하는 데 필요한 아미노산 가운데 생체에서 합성되지 않거나 충분하게 합성되지 않아 음식물로 섭취해야 하는 아미노산

2) 비필수 아미노산은 체내에서 합성되거나 체내 요구량이 낮은 아미노산

09. HDL과 LDL에 대해 설명하시오.

- HDL : 고밀도 지질단백질로 혈중의 과다한 콜레스테롤을 간으로 이동하는 역할을 함. 혈관벽에 침착하여 쌓이게 되는 플라그의 생성을 감소시켜 동맥경화나 심장질환의 위험성을 감소시킴.
- LDL : 저밀도 지질단백질로 일명 '나쁜 콜레스테롤'로 불림. 혈관벽에 과도한 콜레스테롤 침착을 유발해 동맥경화증과 심장질환 위험을 높인다.

10. 크레아틴에 대해 설명하시오.

- 아미노산과 유사한 물질로서 근육의 에너지 공급에 주요한 역할을 한다. 체내에서 생성되지만 필요 시 보충제 형태로 섭취하기도 한다. ATP의 생성을 돕기 때문에 반복적이고 격렬하면서 순발력을 요하는 운동에 효과적이다.

11. 카페인이 운동에 미치는 영향에 대해 설명하시오.

- 카페인은 각성 효과가 있어 운동 시 중추 신경을 흥분시켜 고강도 운동을 할 때는 근신경계를 활성화 시키고 유산소 운동 시에는 지방의 분해를 일으킨다. 다만 과도한 카페인 섭취는 불면증, 불안감 등을 유발시키며 과도한 이뇨 작용을 일으킬 수 있다.

01. 노인 운동 지도 유의사항에 대해 설명하시오.

- 노화가 진행됨에 따라 활력과 자신감을 가질 수 있도록 저강도 운동 위주로 실시
- 근력 약화로 인해 체중을 이용한 부하운동을 실시하여 근력 유지
- 움직임이 복잡하고 강한 충격이 가해지는 운동 지양
- 준비운동과 마무리운동 필수

02. 노인 영양 섭취에 대해 설명하시오.

- 충분한 단백질 섭취(육류보다는 생선류)
- 채소 및 견과류 섭취
- 구강이나 소화기관 약화로 유동식 형태 음식 섭취

03. 노화의 개념에 대해 설명하시오.

- 육체적으로 나이가 들어가는 연대기적 과정. 노인은 일반적으로 65세 인간을 지칭

04. 노화가 일어남에 따라 노인의 신체적 · 정신적 · 사회적 변화에 대해 설명하시오.

1) 신체적 변화 : 심혈관계와 호흡계의 기능저하, 근육의 기능 감소, 관절 가동성의 감소, 골밀도 저하
2) 정서적 변화 : 지인들의 죽음으로 인한 슬픔, 사회적 부담감, 새로운 환경 변화 등에 대한 두려움과 걱정이 많이 생김
3) 사회적 변화 : 일상생활에서 신체적, 정신적, 사회적 활동을 지속하는 사람은 건강하고 행복한 삶을 누림. 따라서 긍정적인 생활습관, 지속적인 인간관계 유지가 필요

05. 노인 고혈압 환자 지도 유의사항에 대해 설명하시오.

1) 운동 전 혈압을 체크하고, 운동 시 혈압이 급격히 올라가는 고강도 웨이트 트레이닝이나 경쟁적인 운동은 자제한다.
2) 가벼운 조깅, 수영과 같은 유산소 운동을 실시한다.
3) 주 3회 이상 규칙적인 운동할 수 있도록 지도한다

06. 노인이 웨이트 트레이닝을 했을 경우 긍정적인 변화를 설명하시오.

    1) 근골격계 : 근력과 근육량이 증가하고, 뼈밀도가 증가하여 골다공증 위험을 예방할 수 있다. 균형감각과 협응력을 향상시켜 낙상 위험을 줄일 수 있다.

    2) 심혈관계 : 심박출량을 증가시켜 심장 기능을 강화하고, 혈압을 낮추며 인슐린에 반응해 포도당 수송을 조절하는 정도를 향상시켜 혈당 관리에도 도움이 된다.

    3) 정서적 : 무기력 및 우울증이 감소하고 자신감이 증진한다.

07. 유소년 운동 지도 유의사항에 대해 설명하시오.

- 고강도보다는 중저강도의 운동을 통해 신체의 전반적 발달을 도모
- 과도한 경쟁심이나 승리보다는 가치·인성 요소를 함양할 수 있도록 지도
- 흥미와 재미를 고려한 프로그램을 구성
- 주변 환경에 대해 부상당할 수 있는 것들을 미리 파악하여 정리하며 안전에 유의

08. 유소년 영양 섭취에 대해 설명하시오.

- 성장기이기에 철분, 칼슘, 무기질, 채소 섭취를 충분하게 해야하며, 과도한 탄수화물과 탄산, 인스턴트 음식은 피한다. 전체 영양소의 탄수화물은 50~60%, 지방은 20~30%, 단백질은 15% 정도 섭취한다.

09. 유소년이 웨이트 트레이닝을 해야하는 이유에 대해 설명하시오.

- 유소년에게 적절한 웨이트 트레이닝은 신체 근력 발달과 운동감각을 활성화시켜 성장판과 성장호르몬을 자극하여 성장에 도움이 됨. 단, 고중량운동은 부상 위험과 무리한 자극으로 성장판 방해 요소에 영향을 미칠 수 있다.

10. 유소년 운동 프로그램 계획 시 고려해야 할 사항을 설명하시오.

- 유소년에 따라 발달 상태가 다르기 때문에 참가자의 나이, 건강 상태, 운동 능력, 개인 흥미 등에 맞춰 운동 프로그램을 계획해야 한다

고생하셨습니다. 응원하고 행운을 빕니다.